ANIMALES

DESCUBRE LA FASCINANTE DIVERSIDAD DE LA **NATURALEZA**

PaRragon

Bath · New York · Cologne · Melbourne · Delhi
Hong Kong · Shenzhen · Singapore · Amsterdam

This edition published by Parragon Books Ltd
in 2015 and distributed by

Parragon Inc.
440 Park Avenue South, 13th Floor
New York, NY 10016
www.parragon.com

Copyright de esta edición © Parragon Books
Ltd 2012–2015
© Edición original Editorial SOL 90 S.L.

Producción: Jollands Editions
Diseño de la cubierta: JC Lanaway

ISBN 978-1-4748-1673-1

Impreso en China/Printed in China

Basado en una idea de Editorial SOL 90

Las imágenes de la cubierta
son una cortesía de istock

ÍNDICE

INTRODUCCIÓN

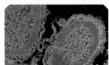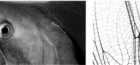

¡Bienvenido al fascinante mundo animal! En este interesante libro descubrirá la asombrosa vida de millones de especies con las que compartimos el planeta Tierra.

La fauna ha colonizado cada rincón de nuestro planeta, desde los gélidos polos y la profundidad abisal de los océanos hasta las cumbres más altas y los áridos desiertos. Los animales interactúan con otras especies y su entorno, y la supervivencia del ser humano depende de su existencia. Cuanto más sabemos acerca del mundo animal, más conscientes somos de la estrecha relación que nos une al mismo, así como de la necesidad de preservar la rica diversidad de la vida en la Tierra.

Animales se estructura en torno a cinco grandes grupos: mamíferos, aves, reptiles, peces y anfibios, e invertebrados. Curiosamente la ballena azul, el animal más grande del planeta, pertenece al grupo de los mamíferos, que es el más reducido de los cinco. El grupo más numeroso, con diferencia, es el de los invertebrados, formado por individuos de millones de especies distintas, entre los que destacan los insectos, los crustáceos y los arácnidos.

Mamíferos

Desde el hielo polar de la tundra hasta las selvas tropicales, la Tierra está habitada por mamíferos, grupo muy variado que se ha adaptado a los hábitats más diversos. Los mamíferos podrían haber empezado a poblar el planeta hace unos 65 millones de años. Sin duda, los humanos modernos somos los mamíferos más aventureros: hemos explorado y colonizado todos y cada uno de los hábitats terrestres. Nuestra coexistencia doméstica con otras especies se remonta a 10 000 años atrás, cuando la cultura humana evolucionó de grupos de cazadores-recolectores a sociedades agrícolas. Los humanos empezaron a domesticar mamíferos —perros, ovejas, cerdos, vacas, cabras y caballos— para trabajar, alimentarse y obtener materias primas como lana y cuero.

Hasta hoy se conocen 5416 especies de mamíferos. Es un grupo tan diverso que la especie más pequeña, la musaraña, pesa solo tres gramos, mientras que la más grande, la ballena azul, alcanza las 145 toneladas. Esta diversidad también es muy evidente en la adaptación a distintos hábitats: hay mamíferos que corren, planean, vuelan, saltan, nadan y se arrastran. Para soportar temperaturas gélidas, algunos de los que viven en climas fríos —como las osas polares

COMUNICACIÓN
La forma de comunicación de los cetáceos es una de las más sofisticadas del reino animal.
Los delfines, por ejemplo, chasquean las mandíbulas cuando se sienten amenazados y silban
repetidamente cuando están asustados o nerviosos.

preñadas— hibernan para no malgastar energía. Para conservar el calor, en lugar de pelo como los terrestres, muchos mamíferos acuáticos tienen una gruesa capa de grasa corporal. El esqueleto de las extremidades superiores de focas, delfines, murciélagos y chimpancés es muy parecido, pero unos tienen aletas, otros alas y otros brazos.

Aves

Las aves son una caja de sorpresas: incluso las hay que bucean, nadan y construyen nidos muy complejos. Pero si hay algo que el hombre siempre ha envidiado es su capacidad de volar. También son asombrosas las distancias que algunas llegan a recorrer. Se calcula que más de 200 millones de aves emigran cada año en todo el planeta, y muchas recorren miles de kilómetros, cruzando desiertos y océanos hasta el lugar idóneo donde criar y alimentar a sus polluelos. Algunos de los comportamientos de las aves, como la necesidad de las migratorias de cruzar continentes para después regresar, siguen siendo un misterio.

Hasta la fecha se tiene constancia de la existencia de unas 9700 especies de aves en todo el mundo: constituyen el grupo de vertebrados más numeroso por detrás de los peces. Hay aves de todos los tamaños, desde el colibrí, de apenas 1,6 gramos, hasta el avestruz, de 150 kilos. Si bien la mayoría vuelan, algunas, como el kiwi, el pingüino, el ñandú y el avestruz, no lo hacen. Otras son acuáticas y viven en mares, ríos y lagos. Las patas y el pico de las aves revelan su capacidad de adaptación. El pico de algunas aves acuáticas filtra pequeñas partículas de alimento del agua, mientras que las aves de rapiña tienen garras para atrapar y despedazar a sus presas. En ciertas especies, machos y hembras comparten las tareas de construir el nido y alimentar a los polluelos, y algunas viven en grupos.

Reptiles

Existen unas 8200 especies de reptiles, entre las que se cuentan tortugas, lagartos, serpientes, cocodrilos y tuátaras. Los reptiles fueron los primeros vertebrados que sobrevivieron fuera del agua, gracias a un huevo amniótico de cáscara impermeable que podían poner e incubar en tierra firme, sin necesidad de regresar al agua. Puesto que necesitan calor externo para regular su temperatura corporal, muchas especies pasan horas al sol para calentarse con la radiación infrarroja.

Los reptiles siempre han despertado temor y respeto en el hombre. Serpientes, cocodrilos y míticos dragones protagonizan leyendas de todo el mundo. Hay muchas especies con habilidades asombrosas: escalar paredes, escarbar, nadar, trepar por finos tallos e incluso correr por las dunas del desierto. Estos animales fascinantes, de características extraordinarias, viven en la Tierra desde hace millones de años. Hoy día muchas especies de reptiles se encuentran en peligro de extinción, amenazadas por la caza y la destrucción de sus hábitats.

Peces y anfibios

Los peces y los anfibios fueron unos de los primeros vertebrados (animales con esqueleto interno), y cada una de las especies ha evolucionado para sobrevivir en un determinado hábitat. Los peces, que respiran por branquias y tienen aletas para nadar, están plenamente adaptados al mundo acuático y viven en mares, lagos, ríos y arroyos. Los peces de los cálidos mares tropicales están entre los animales más exóticos y coloridos del mundo, mientras que las gélidas y oscuras profundidades oceánicas están habitadas por otras especies insólitas y poco conocidas. Muchas especies son comestibles, así pues la conservación de suficientes cantidades de ejemplares para su consumo es clave de cara al futuro. Hay peces escurridizos e incluso temidos: pocos animales despiertan tanto recelo en la realidad y la ficción como el tiburón.

En la Prehistoria, el proceso evolutivo hizo que algunas especies que vivían en el agua se adaptaran a tierra firme, donde respiraban mediante bolsas de aire

PITÓN ARBORÍCOLA VERDE
La pitón arborícola verde suele enrollarse en torno a una rama y se mantiene a la espera, con la cabeza colgando hacia abajo, lista para atacar. Se alimenta de mamíferos y aves de pequeño tamaño.

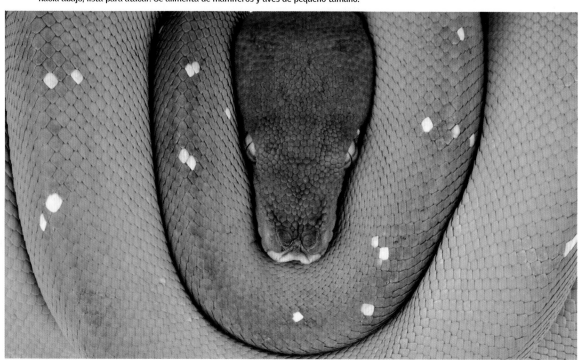

BÚHO
En general, las aves tienen una vista excepcional, y proporcionalmente el tamaño de sus ojos es muy grande en relación al del cuerpo. El búho del Cabo *(Bubo capensis)*, nativo de África, se alimenta de aves y mamíferos.

similares a pulmones. Los peces con aletas carnosas o lobuladas descubrieron nuevas formas de alimentarse y, con el tiempo, se adaptaron a la vida terrestre. El cambio evolutivo que experimentaron los animales acuáticos que pasaron a ser terrestres supuso toda una revolución para la vida en la Tierra. Algunos animales terrestres conservaron un vínculo con el agua, a la que acudían a desovar; es el caso de los anfibios, como la rana y el sapo. Los anfibios de hoy día constituyen solo una pequeña muestra de la gran variedad de especies que surgieron en el Devónico, porque muchas se extinguieron en el Triásico.

Invertebrados
Los invertebrados son la forma de vida animal más antigua de la Tierra, y conforman el grupo más numeroso. Se calcula que un 97 % de las más de 1,5 millones de especies animales conocidas son invertebrados. Este fascinante grupo animal es una sorprendente fuente de ejemplos de adaptación y comportamiento. Muchos invertebrados desempeñan un papel primordial en las cadenas alimentarias y los ecosistemas, de manera que son muy importrantes para otras especies. Otros son valiosos predadores y controladores: por ejemplo, sin las arañas, el mundo estaría azotado por plagas de insectos.

Conservación del mundo natural
En nuestro planeta viven miles de especies de animales, aunque se cree que el 99,9 % de todas las que han existido a lo largo de la historia se han extinguido. La extinción es un proceso natural, pero la intervención humana también está acabando con muchas especies. La ciencia moderna demuestra que todos los seres vivos están relacionados entre sí mediante complejos ecosistemas. Cuanto mejor conozcamos el reino animal, más capaces seremos de preservar el mundo natural y proteger la fauna y la flora para las generaciones futuras.

¿Qué es un mamífero?

Todos los mamíferos tienen una serie de características comunes. Por ejemplo, el cuerpo cubierto de pelo y la capacidad de parir crías vivas y alimentarlas con la leche que producen las glándulas mamarias de las hembras. Todos respiran por pulmones, y poseen un aparato circulatorio doble cerrado y los sistemas nerviosos más desarrollados de todo el reino animal. La capacidad de mantener una temperatura corporal constante les ha permitido dispersarse y conquistar todos los rincones de la tierra, desde los climas más fríos hasta los desiertos, del mar a la montaña.

GORILA
Gorilla gorilla

Un cuerpo a medida de cada ambiente

La piel cubierta de pelo y las glándulas sudoríparas colaboran para mantener constante la temperatura corporal. Por otra parte, los ojos dispuestos a ambos lados de la cabeza (visión monocular, con la única excepción de los primates, en los cuales es binocular) favorecen un amplio ángulo de visión. Las extremidades son de tipo pata o quiridio, con ligeras variaciones que dependen de la parte que se apoye al caminar. En los mamíferos acuáticos han evolucionado en aletas, y en los murciélagos, en alas; los cazadores poseen poderosas garras y los ungulígrados (como el caballo), unos robustos cascos que soportan el peso de todo el cuerpo.

ASOMBROSO

Los gorilas comparten cerca del 98 % de su estructura genética con los humanos. Los chimpancés son parientes aun más cercanos, con casi un 99 %.

DELFÍN MULAR
Tursiops truncatus

Pelaje

De entre todas las clases de animales, los mamíferos son los únicos que tienen pelo. Y todos tienen pelaje a excepción de los sirénidos, con poco pelo, y los cetáceos: en ambos casos, la ausencia se debe a la adaptación del mamífero al medio acuático.

Dentición

La mayor parte de los mamíferos cambian la dentición en su pasaje a la adultez. Los dientes están especializados para distintas funciones: molares para masticar, colmillos para romper, incisivos para roer. En los roedores, como la ardilla, los dientes se renuevan por un crecimiento continuo.

ARDILLA
Familia *Sciuridae*

Parientes cercanos

El hombre pertenece al grupo de los primates. De entre ellos los homínidos (orangutanes, gorilas y chimpancés) son los más grandes, con un peso de entre 48 y 270 kg (105 y 595 libras). En general, los machos poseen un cuerpo robusto y unos brazos bien desarrollados, y son más grandes que las hembras. Su porte vertical diferencia su esqueleto del de otros primates. Los gorilas habitan exclusivamente las selvas ecuatoriales del África occidental. Caminan apoyándose en las extremidades delanteras. Su estatura oscila en esa posición entre 1,2 y 1,8 m (4 y 6 pies), pero si se yerguen levantando las manos del suelo alcanzan los 2 m (6,5 pies).

CRÁNEO
Es grande con respecto al tamaño del cuerpo. El cerebro está más desarrollado y es más complejo que el de cualquier otro animal.

SIEMPRE 37 °C (98 °F)
La capacidad de mantener una temperatura corporal constante no es una característica única de los mamíferos: también la poseen las aves.

UN OÍDO DE HUESOS
Los huesecillos del oído forman el aparato sensor y transmisor del sonido.

MAXILAR INFERIOR
Está conformado por un solo hueso, llamado dentario, y dientes especializados en cada función. Todo el cráneo tiene una estructura ósea muy simplificada.

MAMAS
En las hembras, secretan la leche que alimenta a las crías en sus primeros meses de vida. De ellas toma el nombre la clase de los mamíferos.

UNA PIEL GRUESA
Está formada por una capa externa (epidermis), una más profunda (dermis) y un sustrato adiposo que colabora en la homeotermia.

Homeotermia

Es la capacidad de mantener constante la temperatura corporal en cualquier ambiente. La excepción son las especies que hibernan: la temperatura de su cuerpo debe bajar para reducir su metabolismo. Hablando con propiedad, el oso no hiberna, sino que pasa el invierno en una especie de letargo.

OSO PARDO
Ursus arctos

Extremidades

Los mamíferos tienen cuatro extremidades, adaptadas para el desplazamiento por tierra. Las extremidades anteriores pueden tener otras capacidades (nado, manipulación, ataque y defensa, sujeción del cuerpo). La excepción son los cetáceos, tan adaptados a la vida marina que solo tienen dos extremidades sin dedos, y los fócidos *(Phocidae)*.

ELEFANTE MARINO
Familia Phocidae

5416
SON LAS ESPECIES DE MAMÍFEROS QUE SE CALCULA QUE EXISTEN EN LA TIERRA

Hábitats

Entre cada mamífero y su hábitat natural existe una relación que viene dada y a la vez se expresa por las características de su cuerpo. Si las zarpas del elefante marino le sirven para nadar y cazar peces, las pezuñas de los ciervos les permiten correr. La fisiología es una valiosa herramienta de adaptación al medio. Uno de los casos más evidentes es el del camello.

Agua | Bosques templados | Desierto | Pradera o pastizal

Sabana tropical | Selva tropical | Taiga | Tundra

UN PRIMATE ESPECIAL
Por su capacidad de fabricar herramientas para transformar a su favor elementos de su hábitat sin depender de la evolución natural, el hombre se ha adaptado a casi todos los hábitats.

Ciclo vital

Nacer, crecer, reproducirse y morir: en los mamíferos este ciclo vital tiene particularidades. Casi como regla general, cuanto más grande es una especie de mamíferos, más años tienden a vivir los individuos, pero menos son las crías que nacen de una hembra por camada o por temporada reproductiva. La mayoría, incluidos los humanos, son placentarios; sus funciones vitales se desarrollan completamente dentro del cuerpo de la madre.

100 años
PROMEDIO DE VIDA DE UNA BALLENA, EL MAMÍFERO MÁS LONGEVO

Placentarios

Es el grupo de mamíferos más grande y el que más se ha multiplicado por el planeta, aunque la forma de gestación y lactancia genera gran desgaste en las hembras y las hace menos prolíficas. La mayoría son poligínicos: pocos machos (los más competitivos) fecundan a muchas hembras, y otros a ninguna. Solo el 3% de los mamíferos son monógamos durante toda una temporada. En estos casos los machos colaboran en la cría. Los otros machos también ayudan cuando hay pocos recursos, pero, si abundan, la hembra cuida sola la camada y el macho se aparea con otras hembras.

Aprovecha cuevas naturales o excava el suelo.

Destete
DE 35 A 40 DÍAS

Los cachorros permanecen con la madre aun después de terminada la lactancia, para recibir protección y aprender los comportamientos de la especie.

Madurez sexual
DE 5 A 7 MESES

Cuanto mejor alimentado esté el conejo, más rápido alcanzará la capacidad reproductiva. Se considera que es adulto a los 8 o 9 meses, al pesar unos 900 g.

La coneja tiene 4 o 5 pares de tetas.

La coneja se puede aparear en todo momento.

Lactancia
DE 25 A 30 DÍAS

Las crías se alimentan solo con la leche materna hasta que pueden digerir alimento sólido, a los 20 días. Abandonan la madriguera a los 35 o 40 días, pero permanecen en la zona de cría (filopatria).

Gestación
DE 28 A 33 DÍAS

La pasan en una madriguera colectiva (vivar o gazapera) excavada en tierra y tapizada con vegetación y pelos. La hembra la abandonará cuando termine la lactancia.

CONEJO COMÚN
Sylvilagus floridanus

Longevidad
de 4 a 10 años

10 cm (4 pulgadas)

Nacen sin pelo, con la piel semitranslúcida.

AL NACER
Las crías pesan de 40 a 50 gramos (1,5 a 1,75 onzas). Hasta el décimo día no abren los ojos.

NÚMERO DE CRÍAS

En general es inversamente proporcional al tamaño de la especie.

VACA	1 cría
CABRA	2-3 crías
PERRO	5-7 crías
RATA	6-12 crías

De 3 a 9 crías
POR CAMADA, Y DE 5 A 7 PARTOS ANUALES

Marsupiales

Tras un período muy corto de gestación, se desarrollan en una especie de bolsa parcialmente abierta (el marsupio) que la hembra tiene en el vientre. La mayoría de los ejemplares de las 272 especies conocidas de marsupiales son solitarios salvo en las épocas de apareamiento. En general son animales promiscuos, salvo algunos que, como los ualabíes (pequeños canguros), suelen aparearse con una misma hembra toda su vida.

Lactancia
22 SEMANAS

Un músculo impide que la cría se caiga de la bolsa. A las 22 semanas abre los ojos e incorpora a la dieta una especie de papilla producida por su madre que la prepara para la dieta herbívora.

Gestación
35 DÍAS

Al nacer con las extremidades y los órganos funcionales apenas formados, la cría se debe arrastrar por sí misma desde la cloaca de la hembra hasta la bolsa para continuar su desarrollo.

La cría trepa a la espalda de la madre, que la transporta allí agarrada.

CRÍA AHUYENTADA
Los machos dominantes mantienen alejadas a las crías y a los machos jóvenes.

Los machos dominantes se aparean con todas las hembras.

Algunas hembras van a buscar machos fuertes.

KOALA
Phascolarctos cinereus

Al final de la lactancia el pelaje le cubre todo el cuerpo.

2 cm
(³⁄₄ in)

1 cría
1 PARTO ANUAL

Abandono del marsupio
1 AÑO

Cuando la cría tiene un tamaño que le permite valerse por sí misma y ha incorporado la alimentación herbívora, la madre puede volver a quedar preñada, pero su cría aún permanecerá cerca.

Madurez sexual
3 0 4 AÑOS

A los dos años los koalas ya tienen los órganos sexuales desarrollados (las hembras antes que los machos), pero no se empiezan a aparear hasta uno o dos años después.

LA LONGEVIDAD

HOMBRE	70 años
ELEFANTE	70
CABALLO	40
JIRAFA	20
GATO	15
PERRO	15
HÁMSTER	3

Longevidad
de 15 a 20 meses

PERÍODOS DE GESTACIÓN

ANIMAL	MESES
Elefante	23
Jirafa	17
Gibón	9
León	7
Perro	2

COMPARACIÓN DE TAMAÑO DEL HUEVO

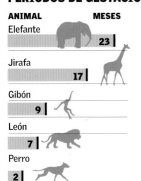

La cáscara es blanda y facilita el nacimiento de la cría. A diferencia de las aves, no tiene pico.

GALLINA

EQUIDNA

Monotremas

Los mamíferos cuyas hembras ponen huevos son en general especies solitarias la mayor parte del año. Los ornitorrincos solo se ven en pareja cuando se aparean. Aunque existe un período de cortejo previo, de entre uno y tres meses, después de copular los machos se desvinculan de la hembra y las crías. Las hembras de los equidnas de hocico corto practican la poliandria: copulan con varios machos en cada celo.

Incubación
12 DÍAS

La gestación interna del huevo dura un mes. A continuación, la hembra desova e incuba el huevo para mantenerlo a la temperatura adecuada hasta que nace la cría.

Cría recién nacida

Cascarón

15 mm
(¹⁄₂ in)

de 1 a 3
HUEVOS POR PUESTA

En la bolsa
DE 2 A 3 MESES

Después de romper el cascarón las crías siguen en una especie de bolsa de la hembra donde se amamantan.

Extremidades no desarrolladas

Cueva bajo la tierra o entre la roca

Pelaje ya espinoso

Destete
4 A 6 MESES

A los tres meses las crías pueden salir de la madriguera, o bien quedarse hasta un día y medio solas dentro. Después se separan de la madre.

Longevidad
50 años

EQUIDNA AUSTRALIANO
Tachyglossus aculeatus

Sentidos desarrollados

El perro ha heredado del lobo un oído y un olfato excelentes. Ambos sentidos cumplen un papel fundamental en su relación con el entorno y en muchas de sus actividades sociales. Mientras que el ser humano recuerda a una persona en imágenes, los perros lo hacen en olores: el olfato es su principal sentido. Tienen 44 veces más células olfativas que el hombre y pueden distinguir una molécula de olor entre un millón, así como oír sonidos muy leves, totalmente imperceptibles para las personas.

ASOMBROSO

Los perros tienen, por lo menos, 18 músculos que controlan los movimientos de sus orejas, los cuales les permiten precisar con gran exactitud el origen de un sonido.

Oído

La capacidad auditiva del perro, muy desarrollada, es cuatro veces mayor que la del ser humano. Esa capacidad depende de la forma y la orientación de las orejas, que permiten al animal localizar y atender mejor a los sonidos; unas razas están mejor equipadas que otras. El perro oye tonos más agudos y sonidos más leves, y localiza enseguida el punto de partida del ruido. Detecta sonidos de hasta 40 khz, cuando el límite superior de la audición humana es de 18 khz.

INTERIOR DE LA CÓCLEA

Membraba de Reissne
Órgano de Corti
Conducto vestibular
Conducto timpánico

CARTÍLAGO AURICULAR

LABERINTO
CANALES SEMICIRCULARES

HUESECILLOS AUDITIVOS
YUNQUE
MARTILLO
ESTRIBO

NERVIO AUDITIVO

NERVIO COCLEAR

CANAL AUDITIVO

CAVIDAD INTERMÉDIA

CÓCLEA

CANAL AUDITIVO
MEMBRANA TIMPÁNICA

ESTRUCTURA INTERNA DE LA AMPOLLA

Cúpula
Cresta
Células ciliadas

La cúpula desvía los sonidos hacia la ampolla, que envía señales eléctricas al cerebro.

CARACOL

VENTANA OVAL

TROMPA DE EUSTAQUIO

NIVELES AUDITIVOS

	0 hertz	1	10	100	1,000	10,000	20,000	40,000
HOMBRE								
ZORRO								
RATÓN								
MURCIÉLAGO								
RANA								
ELEFANTE								
PÁJAROS								

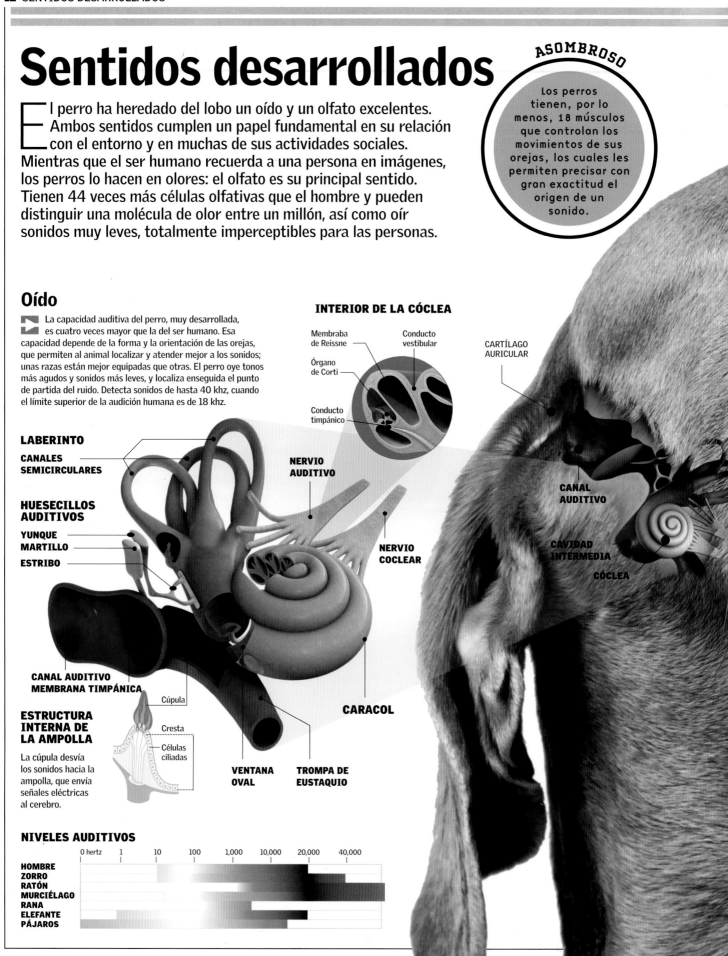

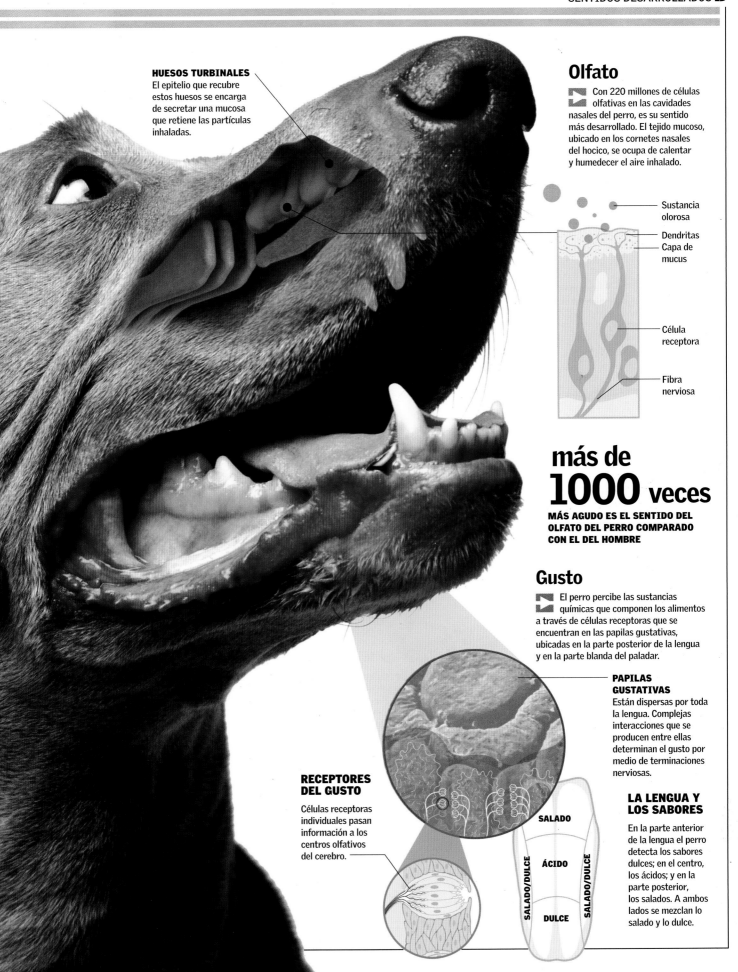

HUESOS TURBINALES
El epitelio que recubre estos huesos se encarga de secretar una mucosa que retiene las partículas inhaladas.

Olfato

Con 220 millones de células olfativas en las cavidades nasales del perro, es su sentido más desarrollado. El tejido mucoso, ubicado en los cornetes nasales del hocico, se ocupa de calentar y humedecer el aire inhalado.

Sustancia olorosa

Dendritas

Capa de mucus

Célula receptora

Fibra nerviosa

más de
1000 veces
MÁS AGUDO ES EL SENTIDO DEL OLFATO DEL PERRO COMPARADO CON EL DEL HOMBRE

Gusto

El perro percibe las sustancias químicas que componen los alimentos a través de células receptoras que se encuentran en las papilas gustativas, ubicadas en la parte posterior de la lengua y en la parte blanda del paladar.

PAPILAS GUSTATIVAS
Están dispersas por toda la lengua. Complejas interacciones que se producen entre ellas determinan el gusto por medio de terminaciones nerviosas.

RECEPTORES DEL GUSTO

Células receptoras individuales pasan información a los centros olfativos del cerebro.

LA LENGUA Y LOS SABORES

En la parte anterior de la lengua el perro detecta los sabores dulces; en el centro, los ácidos; y en la parte posterior, los salados. A ambos lados se mezclan lo salado y lo dulce.

SALADO

SALADO/DULCE

ÁCIDO

SALADO/DULCE

DULCE

Velocidad y agilidad

Es un bólido de carne, huesos y sangre caliente. El guepardo es el animal terrestre más veloz y un miembro único de la familia de los Félidos, un cazador temible de aguda vista y velocidad extrema: alcanza los 115 km/h (70 millas) en carreras cortas y en solo dos segundos llega a los 72 km/h (45 millas) de media. Su agilidad es extrema, aun a gran velocidad, y realiza unos movimientos circulares rapidísimos para atrapar a su presa El guepardo se parece, en cierto modo, al leopardo, pero sus características físicas son diferentes: es más esbelto y alargado, y tiene la cabeza más pequeña y redondeada.

SALIDA
Desde la copa de un árbol salta a otro más bajo.

El guepardo

Mientras que los tigres prefieren acechar a su presa y luego saltar sobre ella, el guepardo opta por perseguirla, incluso a una velocidad de 100 km/h (60 millas/h), antes de abatirla.

 1 Salida

El guepardo se lanza a la carrera alargando el cuerpo y extendiendo las cuatro patas.

 2 Contracción espinal

Luego junta las patas bajo el cuerpo, contrayendo al máximo la columna cervical.

FOSAS NASALES
Al ser muy anchas, le permiten recibir una gran cantidad de oxígeno mientras corre.

ORDEN	Carnívora
FAMILIA	*Felidae*
ESPECIE	Acinonyx *jubatus* (Africa)
	Acinonyx venaticus (Asia)

PRIMER PUNTO DE APOYO
En carrera apoya, como máximo, una sola pata a la vez, y durante la contracción cervical no hay ningún contacto con el suelo.

SEGUNDO PUNTO DE APOYO
Al extender las cuatro patas vuelve a tomar impulso, con una sola pata trasera.

Bípedos versus cuadrúpedos

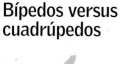

29 km/h (18 millas/h)
CORREDORES DE SEIS LÍNEAS (lagartos bípedos)
Cnemidophorus sexlineatus

37 km/h (23 millas/h)
HOMBRE
Récord de atletismo: Asafa Powell (Jamaica), 100 m (110 yardas) en 9,7 segundos.

67 km/h (42 millas/h)
GALGO
Perro de esqueleto ligero y anatomía aerodinámica.

80 km/h (50 millas/h)
CABALLO
Anatomía adaptada a la carrera, musculatura potente.

115 km/h (70 millas/h)
GUEPARDO
En dos segundos alcanza los 72 km/h (45 millas/h).

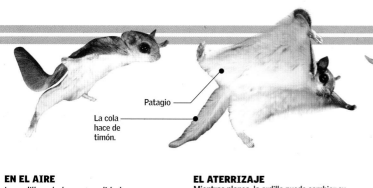

Patagio

La cola hace de timón.

Ardilla voladora

Las ardillas voladoras (*Pteromys volans*) pertenecen a la misma familia de roedores que las ardillas comunes, a las que, por otra parte, se parecen tanto por su aspecto como por su modo de vida. Viven en los bosques mixtos del norte de Europa y en toda Siberia, hasta Extremo Oriente.

EN EL AIRE
La ardilla voladora en realidad no vuela, planea. En el momento en el que el animal salta y estira las patas, entre sus extremidades delanteras y traseras se despliega, a modo de ala delta, una membrana de piel (el patagio) que le permite planear de la copa de un árbol al tronco de otro situado más abajo.

EL ATERRIZAJE
Mientras planea, la ardilla puede cambiar su ángulo de aterrizaje. Justo antes de efectuarlo, deja caer la cola y levanta las patas delanteras sirviéndose de la membrana como freno de aire. Aterriza de forma muy suave sobre las cuatro extremidades.

DEDOS
Al aterrizar, se agarra al objeto con los dedos.

ASOMBROSO

Los guepardos no pueden rugir, pero emiten un sonido agudo muy parecido al de algunas aves para comunicarse con otros guepardos o con las crías, en el caso de una hembra.

HOMBRO
La amplia extensión del hombro le permite dar unos saltos larguísimos.

CABEZA
Pequeña y aerodinámica, ofrece poca resistencia al aire.

3 ## Expansión espinal

Como contraimpulso a la contracción, la columna se estira ganando nuevo impulso hacia delante. El guepardo puede salvar ocho metros de una zancada.

COLA
Es grande con respecto al cuerpo y le sirve de pivote para cambiar bruscamente de dirección.

EXTREMIDADES
Largas y ágiles. El animal tiene un esqueleto y una musculatura potentes pero a la vez flexibles.

115 km/h
(70 millas/h)
VELOCIDAD MÁXIMA, PERO QUE PUEDE MANTENER POR SOLO 500 METROS (550 YARDAS)

ZIGZAGUEO A ALTA VELOCIDAD

1 El guepardo puede cambiar bruscamente de dirección corriendo a gran velocidad.

2 Esos movimientos son posibles gracias a unas uñas no retráctiles que lo adhieren al suelo.

PATAS

DEDOS
5 en manos
4 en pies

UÑAS
A diferencia de las de los otros felinos, las uñas del guepardo no son retráctiles, lo que le permite una mejor adherencia al suelo.

El perezoso

Este animal es notable por su metabolismo, extremadamente lento. ¡Tarda medio minuto en mover una extremidad! Además, es algo miope, su oído es mediocre y su olfato le sirve, apenas, para distinguir las plantas que lo alimentan. Estaría en el extremo opuesto al del guepardo. Sin embargo, como se pasa casi toda la vida colgado de árboles, no necesita moverse ni ver o escuchar con precisión. Está perfectamente adaptado a su forma de vida.

PEREZOSO TRIDÁCTILO
Endémico de la cuenca del río Amazonas.

Carnívoros

El grupo de los carnívoros lo integran las especies cuya alimentación se basa en la caza de otros animales. Entre sus rasgos principales está el tipo de dentadura que presentan, mediante la cual cortan y desgarran con eficacia la carne de sus presas. Los leones, los más sociales de entre los felinos, tienen muy buena vista y el oído agudo; viven en manada y, cuando salen a cazar, lo hacen en grupo.

El león

Se caracteriza por una complexión fuerte y musculosa. Un macho necesita siete kilos diarios de carne, en tanto que una hembra necesita cinco. Tienen un aparato digestivo corto, que absorbe con rapidez los nutrientes de la carne ingerida.

Dentadura

PREMOLARES SUPERIORES

INCISIVOS SUPERIORES

CANINO SUPERIOR

MUELAS CARNICERAS

Son muy grandes, y las coronas dentales son dos largas cuchillas dispuestas en cizalla que encajan entre sí. Con ellas cortan y mastican la carne a la perfección.

PREMOLARES INFERIORES

CANINO INFERIOR

INCISIVOS INFERIORES

La caza

1 **AL ACECHO**
Escondida entre las hierbas, una leona se acerca con sigilo a la presa. Otras hembras esperan escondidas.

FAMILIA	*Felidae*
ESPECIE	*Panthera leo*
PESO	120-185 kg (265-410 libras)

TAMAÑO (HEMBRA)

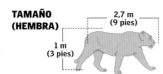

2,7 m (9 pies)

1 m (3 pies)

VISIÓN
Es también binocular, lo que resulta indispensable para la localización de presas, pero seis veces superior a la humana.

PELAJE
Es corto, de un color pardo uniforme, con un mechón blanquecino en el mentón.

Principales presas

La mayor parte de la alimentación del león consiste en mamíferos grandes, aunque también atrapa otros pequeños, aves y reptiles si la oportunidad se presenta. No es un animal carroñero. Solo suele comer carne fresca, ya sea de un animal matado por él mismo o robado a otro depredador.

BÚFALO   **CEBRA**   **JIRAFA**

ÑU   **GACELA**   **ANTÍLOPE**

LA COLA
Mide unos 90 cm (35 pulgadas) y le ayuda a equilibrarse en carrera. Además, le resulta práctica para espantar moscas.

18 kg
(40 libras)
DE CARNE PUEDE INGERIR UN LEÓN EN UNA SOLA COMIDA

ASOMBROSO

La mayoría de manadas de leones están formadas por un único macho, cinco o seis hembras emparentadas y sus cachorros respectivos.

2 **ACELERACIÓN**
Cuando la presa está a pocos metros, inicia la carrera para atraparla. Supera los 50 km/h (30 millas/h) y las demás leonas se incorporan a la caza.

3 **SALTO**
La leona se lanza con todo el peso de su cuerpo sobre el cuello de la presa para abatirla; si lo logra, la caza será positiva.

4 **MORDIDA LETAL**
La presa cae y la leona le clava los colmillos en el cuello y la sujeta hasta que muere. Se acercan las otras hembras.

Herbívoros

Los rumiantes, como las vacas, las ovejas o los ciervos, tienen un estómago formado por cuatro cámaras con el que llevan a cabo una particular digestión. Dado que estos animales necesitan comer gran cantidad de hierba en muy poco tiempo, pues de lo contrario serían presa fácil de los depredadores, han desarrollado un aparato digestivo que les permite tragar el alimento, guardarlo y luego devolverlo a la boca para masticarlo con tranquilidad. Cuando llevan a cabo esta actividad se dice que rumian.

REFERENCIAS

- INGESTIÓN Y FERMENTACIÓN
- RUMIADURA
- REABSORCIÓN DE NUTRIENTES
- DIGESTIÓN ÁCIDA
- DIGESTIÓN Y ABSORCIÓN
- FERMENTACIÓN Y DIGESTIÓN

Dentadura

Los animales herbívoros, como los equinos y los bóvidos, presentan molares de superficie grande y plana para triturar el alimento, e incisivos cortantes para cortar la hierba. En los dientes molares es donde se produce la trituración.

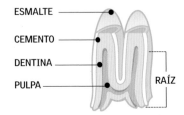

ESMALTE
CEMENTO
DENTINA
PULPA
RAÍZ

La vaca envuelve la hierba con la lengua.

Luego la mastica con movimientos laterales.

1

La vaca mastica un poco la hierba y la ingiere. Va a parar a los dos primeros estómagos: el rumen y el retículo. La comida pasa continuamente del rumen al retículo (casi una vez por minuto) mientras diversas colonias de bacterias empiezan a fermentar el alimento.

2

Cuando la vaca se siente saciada, regurgita bolas de comida desde el rumen y las vuelve a masticar en la boca. Es la llamada rumiadura. El proceso estimula la salivación y, como la digestión, es muy lento. La rumiadura, junto con la intervención de microorganismos anaeróbicos como protozoos, bacterias y hongos, mejora la digestión del animal.

150

LITROS DE SALIVA SE PRODUCEN A DIARIO EN EL PROCESO

RUMIADURA

Durante esta fase, los rumiantes reducen el tamaño de las partículas de los alimentos ingeridos. Es parte del proceso que les permite obtener energía de las paredes de las células de las plantas, la llamada fibra.

A REGURGITACIÓN
B REMASTICACIÓN
C RESALIVACIÓN
D REINGESTIÓN

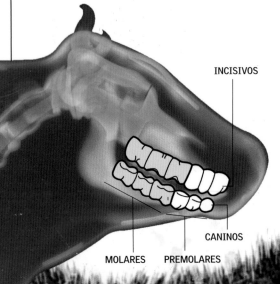

INCISIVOS
CANINOS
MOLARES
PREMOLARES

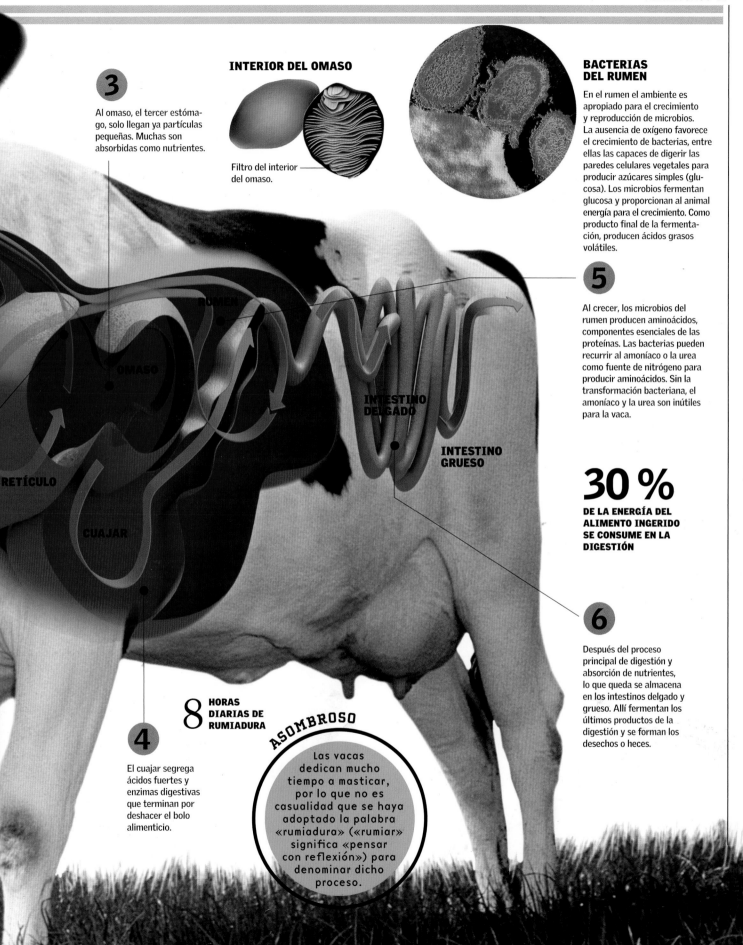

3

Al omaso, el tercer estómago, solo llegan ya partículas pequeñas. Muchas son absorbidas como nutrientes.

INTERIOR DEL OMASO

Filtro del interior del omaso.

BACTERIAS DEL RUMEN

En el rumen el ambiente es apropiado para el crecimiento y reproducción de microbios. La ausencia de oxígeno favorece el crecimiento de bacterias, entre ellas las capaces de digerir las paredes celulares vegetales para producir azúcares simples (glucosa). Los microbios fermentan glucosa y proporcionan al animal energía para el crecimiento. Como producto final de la fermentación, producen ácidos grasos volátiles.

5

Al crecer, los microbios del rumen producen aminoácidos, componentes esenciales de las proteínas. Las bacterias pueden recurrir al amoníaco o la urea como fuente de nitrógeno para producir aminoácidos. Sin la transformación bacteriana, el amoníaco y la urea son inútiles para la vaca.

30 %
DE LA ENERGÍA DEL ALIMENTO INGERIDO SE CONSUME EN LA DIGESTIÓN

6

Después del proceso principal de digestión y absorción de nutrientes, lo que queda se almacena en los intestinos delgado y grueso. Allí fermentan los últimos productos de la digestión y se forman los desechos o heces.

RUMEN

OMASO

RETÍCULO

CUAJAR

INTESTINO DELGADO

INTESTINO GRUESO

8 HORAS DIARIAS DE RUMIADURA

ASOMBROSO

Las vacas dedican mucho tiempo a masticar, por lo que no es casualidad que se haya adoptado la palabra «rumiadura» («rumiar» significa «pensar con reflexión») para denominar dicho proceso.

4

El cuajar segrega ácidos fuertes y enzimas digestivas que terminan por deshacer el bolo alimenticio.

Uno para todos

Los suricatas son unos pequeños mamíferos que viven en colonias subterráneas. Un vigía guarda la entrada y dentro las madres cuidan de sus crías. Durante el día salen al aire libre para alimentarse, y de noche se meten en la madriguera para refugiarse del frío. En esta gran familia, constituida por decenas de miembros, cada cual cumple una función. Cuando acecha el peligro, recurren a diversas tácticas para defenderse. Una de ellas es el chillido que emite el vigía ante la menor amenaza.

SURICATA
Suricata suricatta

FAMILIA	Herpestidae
HÁBITAT	Africa
CRÍAS	2-7

30 cm
(12 pulgadas)

Peso
1 kg
(2 libras)

Unos
30 ES LA CANTIDAD DE INDIVIDUOS QUE PUEDEN COMPONER UN GRUPO

Estructura social

Amplia y bien definida, cada individuo tiene un rol que cumplir. Los vigías (que pueden ser hembras o machos) se rotan para alertar sobre la llegada de extraños; uno recién alimentado reemplaza al que necesita renovar energía. La base de la alimentación de estos animales es carnívora. Comen pequeños mamíferos, además de insectos y arañas.

LAS HEMBRAS
Deben dedicar toda su energía al proceso de reproducción, alimentación y cría de los más pequeños.

LAS CRÍAS
Cuando el padre o la madre vigías dan el grito de alerta, todos corren a ocultarse en la madriguera.

CHACAL DE LOMO NEGRO
Es el más grande de sus predadores. Para los suricatas es primordial verlo antes que el chacal al grupo.

ÁGUILA MARCIAL
Es el enemigo más peligroso de los suricatas, el que los mata en mayor número.

El vigía

Cuando detecta a un depredador, avisa al grupo para que todos se oculten cuanto antes en algún agujero. El puesto es rotativo entre varios miembros del grupo y el aviso se lleva a cabo mediante un amplio repertorio de sonidos, cada uno con un significado concreto.

LOS SURICATAS TAMBIÉN SE COMUNICAN MEDIANTE VOCALIZACIONES

Defensa

1 EL ENEMIGO ESTÁ CERCA
Emiten una especie de chillido. Se mecen de delante atrás. Tratan de parecer más grandes y feroces de lo que son.

2 DE ESPALDAS
Si no les da resultado, se echan de espaldas para proteger el cuello y enseñan los colmillos y las garras.

3 PROTECCIÓN
Cuando el depredador es aéreo, corren a esconderse. Si los pillan por sorpresa, los adultos protegen a las crías.

VISIÓN
Binocular y en color, le permite localizar a sus más temidos depredadores, las aves rapaces.

CABEZA
La mantiene erguida, observando el entorno de la madriguera.

VIGILANCIA DESDE ARRIBA
Es normal verlos en los sitios más altos de su territorio, encima de rocas o en ramas de árbol.

LOS MACHOS
Vigilan y defienden el territorio. El macho dominante es el reproductor.

PATAS DELANTERAS
Tiene fuertes garras para cavar y defenderse.

ASOMBROSO

Las hembras sin descendencia actúan como niñeras para las crías más jóvenes del grupo, mientras sus respectivas madres buscan alimento.

Territorio

El grupo ocupa la extensión necesaria para proveerse de suficiente alimento. Los machos se dedican a su defensa, y cuando se agotan los recursos el grupo emigra a otro lugar.

MADRIGUERAS
Las excavan ellos mismos con sus afiladas garras y solo salen durante el día.

PATAS TRASERAS
Para vigilar, el suricata se pone de pie.

COLA DE TRÍPODE
Cuando están de pie, la cola les permite mantener el equilibrio total.

Récord de apnea

El cachalote es un animal único en su especie, que es extraordinaria por muchas razones. Por un lado, tiene la capacidad de sumergirse a una profundidad de hasta 3000 metros (10 000 pies) y permanecer bajo el agua sin oxígeno hasta dos horas. Ello se lo permite un mecanismo fisiológico complejo por el que, entre otras cosas, puede reducir su ritmo cardíaco, almacenar aire en los músculos y utilizarlo, y priorizar el envío de oxígeno a órganos vitales como el corazón y los pulmones. También es el cetáceo más grande con dientes, aunque solo los tiene en la mandíbula inferior.

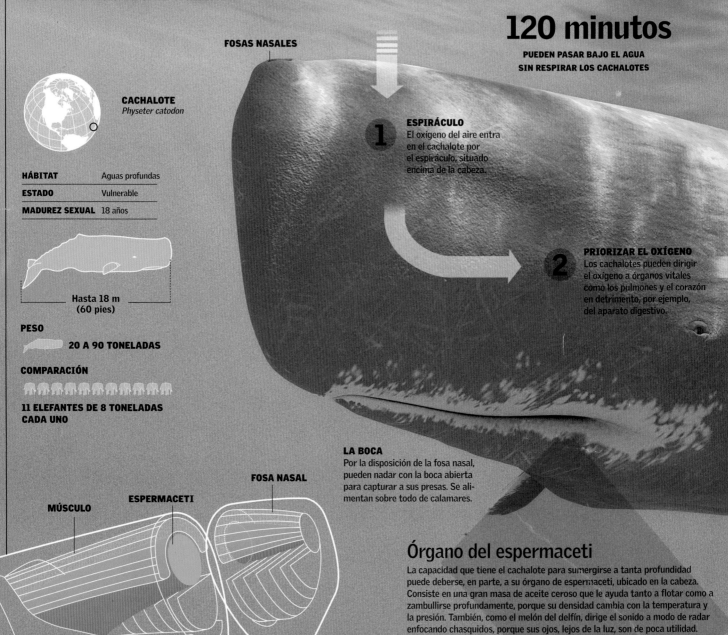

CACHALOTE
Physeter catodon

HÁBITAT	Aguas profundas
ESTADO	Vulnerable
MADUREZ SEXUAL	18 años

Hasta 18 m (60 pies)

PESO

20 A 90 TONELADAS

COMPARACIÓN

11 ELEFANTES DE 8 TONELADAS CADA UNO

FOSAS NASALES

120 minutos

PUEDEN PASAR BAJO EL AGUA SIN RESPIRAR LOS CACHALOTES

1 ESPIRÁCULO
El oxígeno del aire entra en el cachalote por el espiráculo, situado encima de la cabeza.

2 PRIORIZAR EL OXÍGENO
Los cachalotes pueden dirigir el oxígeno a órganos vitales como los pulmones y el corazón en detrimento, por ejemplo, del aparato digestivo.

LA BOCA
Por la disposición de la fosa nasal, pueden nadar con la boca abierta para capturar a sus presas. Se alimentan sobre todo de calamares.

MÚSCULO

ESPERMACETI

FOSA NASAL

HUESO DE LA MANDÍBULA

DIENTES
Tiene de 18 a 25 dientes cónicos de hasta 1 kg (2 libras) de peso en cada lado de la mandíbula inferior.

Órgano del espermaceti

La capacidad que tiene el cachalote para sumergirse a tanta profundidad puede deberse, en parte, a su órgano de espermaceti, ubicado en la cabeza. Consiste en una gran masa de aceite ceroso que le ayuda tanto a flotar como a zambullirse profundamente, porque su densidad cambia con la temperatura y la presión. También, como el melón del delfín, dirige el sonido a modo de radar enfocando chasquidos, porque sus ojos, lejos de la luz, son de poca utilidad.

COMPOSICIÓN
EL 90 % DEL ACEITE DE ESPERMACETI son ésteres y triglicéridos.

Adaptación de la respiración

Cuando se sumergen a gran profundidad, los cachalotes activan todo un mecanismo fisiológico para aprovechar al máximo sus reservas de oxígeno. Se produce un colapso torácico y pulmonar: el aire pasa de los pulmones a la tráquea, lo que reduce la absorción de nitrógeno, que es tóxico. También realizan una transmisión rápida del nitrógeno de la sangre a los pulmones al final de la inmersión, reduciendo así la circulación de sangre a los músculos. Además, los músculos del cachalote contienen una gran cantidad de mioglobina, proteína que almacena oxígeno y les permite estar mucho más tiempo bajo el agua.

ESPIRÁCULO
Al sumergirse se llena de agua, que enfría el aceite de espermaceti y le da densidad.

CORAZÓN
El ritmo cardíaco se ralentiza en la inmersión, lo que limita el consumo de oxígeno.

SANGRE
Un flujo amplio de sangre, rica en hemoglobina, transporta altos niveles de oxígeno al cuerpo y al cerebro.

EN LA SUPERFICIE
El cachalote deja el espiráculo abierto para inspirar la mayor cantidad de oxígeno posible antes de la inmersión.

BAJO EL AGUA
Unos poderosos músculos mantienen cerrada la abertura del espiráculo para que no entre agua.

VASOS
Una red de vasos sanguíneos filtra la sangre que entra en el cerebro.

PULMÓN
Los pulmones absorben oxígeno con gran eficacia.

3 **BRADICARDIA**
Durante la inmersión, el ritmo cardíaco baja para que se reduzca el consumo de oxígeno. Es lo que se llama bradicardia.

LA COLA
Grande y dispuesta en un plano horizontal, constituye el primer órgano propulsor.

ASOMBROSO

Desde el siglo XVIII se extendió la captura de los cachalotes para obtener su aceite de espermaceti, muy útil en la producción de velas, pomadas y cosméticos.

Inmersión

Verdadero campeón de buceo, el cachalote puede bajar hasta los 3000 metros (10 000 pies) de profundidad, a una velocidad de hasta 3 metros (10 pies) por segundo, en busca de comida: pulpos y calamares. Sus inmersiones normales duran unos 50 minutos, pero puede permanecer debajo del agua hasta dos horas. Antes de iniciar una inmersión profunda, saca del agua la aleta caudal. Carece de aleta dorsal, pero tiene unas gibas triangulares en la parte posterior del cuerpo.

0 M (0 PIES)
EN LA SUPERFICIE
Aspiran aire cargado de oxígeno por la fosa nasal que tienen en lo alto de la cabeza.

1000 M (3300 PIES)
90 MINUTOS
Guardan el 90 % del oxígeno en los músculos, por lo que pueden estar sumergidos mucho tiempo.

0 M (0 PIES)
EN LA SUPERFICIE
Exhalan todo el aire de los pulmones en un solo chorro.

Aprovechar el oxígeno

Si los cachalotes se sumergen más y permanecen más tiempo bajo el agua que cualquier otro mamífero es porque tienen varios recursos para ahorrar oxígeno: capacidad de almacenarlo en los músculos, un metabolismo que puede funcionar anaeróbicamente, y la inducción de la bradicardia durante la inmersión.

15 %
EL PORCENTAJE DE AIRE RENOVADO EN UNA RESPIRACIÓN

85 %
EL PORCENTAJE DE AIRE RENOVADO EN UNA RESPIRACIÓN

El lenguaje del agua

as diversas formas que tienen los cetáceos de comunicarse con sus congéneres están entre las más sofisticadas del reino animal. En el caso de los delfines, suelen chasquear repetidamente con las mandíbulas cuando tienen problemas y silban sin parar cuando están asustados o excitados. Durante el cortejo y el apareamiento se rozan y acarician. También realizan señales visuales, como saltos, para indicar que hay comida cerca. Tienen una amplia variedad de formas para transmitir información relevante.

DIVERTIDOS

El juego, como en otros mamíferos, tiene un papel fundamental en la conformación de los estratos sociales.

NOMBRE COMÚN	Delfín mular
FAMILIA	*Delphinidae*
ESPECIE	*Tursiops truncatus*
PESO ADULTO	150-650 kg (330-1400 libras)
LONGEVIDAD	30-40 años

2-4 m (7-13 pies)

ALCANZAN LOS 35 KM/H (22 MILLAS/H)

MELÓN

Es un órgano lleno de lípidos de baja densidad que concentra las pulsaciones emitidas y las envía hacia delante. El animal puede variar la forma del melón para enfocar mejor los sonidos.

ESPIRÁCULO

LABIOS DE MONO

SACO AÉREO NASAL

ALETA DORSAL
Le permite mantener el equilibrio en el agua.

ALETA CAUDAL
Es horizontal, a diferencia de la de los peces, y tiene una función impulsora.

ALETA PECTORAL

LARINGE

1 Emisión

Los sonidos los genera el paso de aire por las cavidades respiratorias. Pero es en el melón donde se produce y amplifica la resonancia. Así se amplía el abanico de frecuencias e intensidades.

CÓMO SE PRODUCE EL SONIDO

1 INSPIRACIÓN
Se abre el espiráculo para que entre oxígeno.

ESPIRÁCULO

Aire de los pulmones

2 Los sacos aéreos nasales se hinchan.

Puede estar doce minutos sin tomar oxígeno.

SONIDO

Aire en los pulmones

Melón

4 Los sacos aéreos nasales se desinflan.

3 ESPIRACIÓN
El aire resuena en los sacos nasales y sale a presión por el espiráculo.

Cerebro

MANDÍBULA

La mandíbula inferior tiene un papel esencial en la transmisión de sonidos al oído interno.

3 Recepción e interpretación

El oído medio envía el mensaje al cerebro. Los delfines «oyen» frecuencias de 100 Hz a 150 kHz (el oído humano solo alcanza a oír hasta 18 kHz). Las señales de baja frecuencia (silbidos, ronquidos, gruñidos, tintineos) son clave en la vida social de este cetáceo, que no puede vivir solo.

1,4 kg
(3 libras)
CEREBRO HUMANO

1,7 kg
(4 libras)
CEREBRO DE DELFÍN

MÁS NEURONAS

El cerebro del delfín, que procesa las señales, tiene al menos el doble de circunvoluciones que el humano y cerca de un 50 % más de neuronas.

OÍDO MEDIO

2 Mensaje

Los delfines se comunican entre sí por señales de baja frecuencia; las de alta frecuencia las usan como sonar.

1,5 km/s
(1 milla/s)

LAS ONDAS SONORAS SON 4,5 VECES MÁS RÁPIDAS EN EL AGUA QUE EN EL AIRE

ASOMBROSO

Las hembras usan la ecolocación mientras bucean para supervisar a sus crías, que necesitan estar más cerca de la superficie para respirar.

Ecolocación

A Emite en la cavidad nasal unos chasquidos en serie llamados clics.

B El melón concentra los chasquidos y los proyecta hacia delante.

C Las ondas rebotan en los objetos que encuentran a su paso.

E La intensidad, el tono y el tiempo de retorno del eco indican el tamaño, posición y dirección del obstáculo.

D Parte de la señal rebota y regresa al delfín en forma de eco.

SEÑAL CON ECO

CLIC		CLIC	
	ECO		ECO

0	6	12	18

SEGUNDOS

Vuelo nocturno

Los murciélagos son los únicos mamíferos capaces de volar. Científicamente se engloban en la familia Quirópteros, término derivado del griego que significa «manos aladas». Y es que sus extremidades anteriores están modificadas y se han transformado en manos con larguísimos dedos unidos por una membrana (el patagio) que conforma la superficie del ala. Los sentidos de estos mamíferos están desarrollados hasta tal punto que les permiten volar y cazar con gran rapidez en la oscuridad.

ASOMBROSO

Los murciélagos se encuentran en todo el mundo y constituyen alrededor de un 20 % del total de especies de mamíferos clasificadas.

Expertos pilotos

Accionadas por los músculos del pecho y la espalda, las alas se mueven hacia atrás y hacia abajo para producir el impulso y la elevación. Luego, se abren hacia los lados y hacia arriba. Por último, se proyectan hacia delante, de manera que las puntas casi rozan la cabeza del murciélago. Muchos de estos mamíferos voladores pueden quedar suspendidos en el aire, planear sin aletear o maniobrar en vuelo doblando las alas.

Su «radar»

Los murciélagos vuelan casi siempre de noche, en plena oscuridad. En lugar de orientarse por la vista y la luz, lo hacen mediante un sistema natural similar al sonar o al radar, basado en emisiones durante el vuelo de señales acústicas que rebotan en los objetos. Este sistema les permite situar los obstáculos, pero también las presas, y su dirección, tamaño o velocidad, como si vieran sin luz.

1 El animal emite una vibración acústica, imperceptible para el oído humano por su alta frecuencia (unos 18 kHz). La señal choca con objetos y animales.

2 Al rebotar las señales, el murciélago percibe su intensidad y su desfase: cuanto más rápido le llega la señal de vuelta y cuanto más intesa es, más cerca está el objeto o presa.

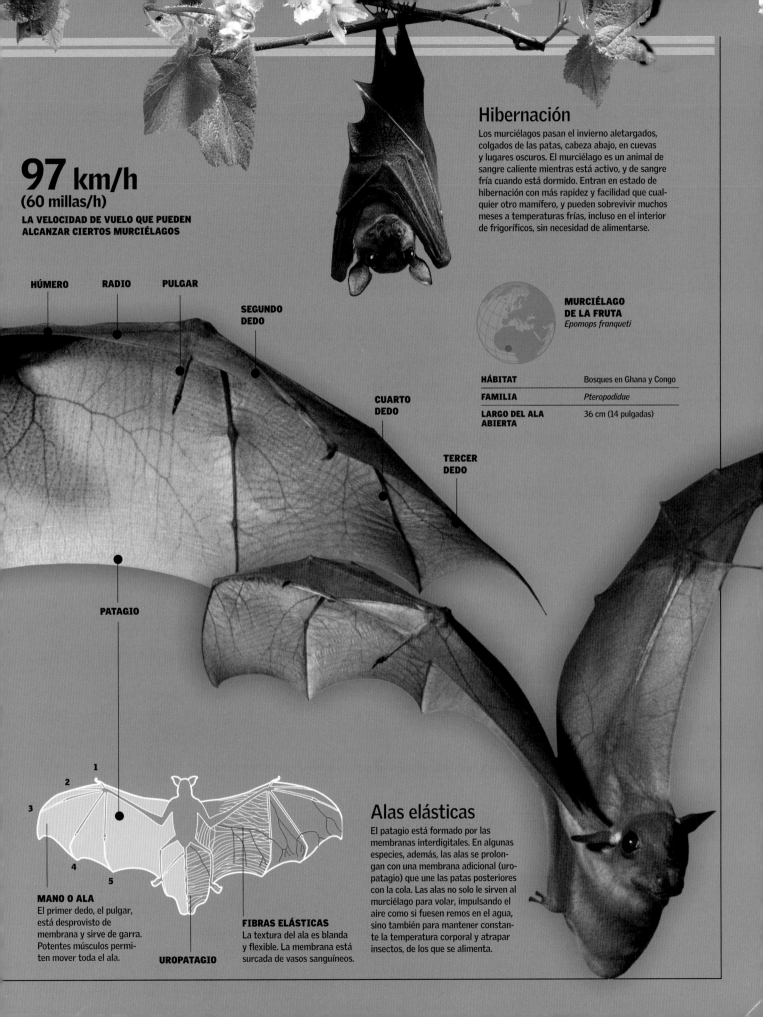

97 km/h
(60 millas/h)
LA VELOCIDAD DE VUELO QUE PUEDEN ALCANZAR CIERTOS MURCIÉLAGOS

Hibernación

Los murciélagos pasan el invierno aletargados, colgados de las patas, cabeza abajo, en cuevas y lugares oscuros. El murciélago es un animal de sangre caliente mientras está activo, y de sangre fría cuando está dormido. Entran en estado de hibernación con más rapidez y facilidad que cualquier otro mamífero, y pueden sobrevivir muchos meses a temperaturas frías, incluso en el interior de frigoríficos, sin necesidad de alimentarse.

MURCIÉLAGO DE LA FRUTA
Epomops franqueti

HÁBITAT	Bosques en Ghana y Congo
FAMILIA	*Pteropodidae*
LARGO DEL ALA ABIERTA	36 cm (14 pulgadas)

HÚMERO

RADIO

PULGAR

SEGUNDO DEDO

CUARTO DEDO

TERCER DEDO

PATAGIO

1
2
3
4
5

MANO O ALA
El primer dedo, el pulgar, está desprovisto de membrana y sirve de garra. Potentes músculos permiten mover toda el ala.

UROPATAGIO

FIBRAS ELÁSTICAS
La textura del ala es blanda y flexible. La membrana está surcada de vasos sanguíneos.

Alas elásticas

El patagio está formado por las membranas interdigitales. En algunas especies, además, las alas se prolongan con una membrana adicional (uropatagio) que une las patas posteriores con la cola. Las alas no solo le sirven al murciélago para volar, impulsando el aire como si fuesen remos en el agua, sino también para mantener constante la temperatura corporal y atrapar insectos, de los que se alimenta.

La vida en el aire

Ligero y resistente a la vez, el esqueleto de las aves tuvo que adaptarse al vuelo y sufrió cambios fundamentales. Algunos huesos, como los del cráneo y las alas, se fusionaron para hacerlos más livianos, y en total tienen menos piezas que otros vertebrados. Huecos, con cámaras aéreas en su interior, la suma de su peso es menor que la de la totalidad de las plumas. La columna tiende a ser muy móvil en la parte cervical y rígida hacia la caja torácica, donde un hueso frontal, largo y curvo llamado esternón tiene una gran quilla en la que se insertan los músculos pectorales. Estos son grandes y fuertes para generar el batido de las alas, aunque aves corredoras como el avestruz tienen los músculos más desarrollados en las patas.

ÓRBITA OCULAR

Batido de las alas

Levantar el vuelo requiere una enorme dosis de energía y fuerza. En consecuencia, los músculos responsables del batido del ala se hipertrofian, y pueden alcanzar con facilidad el 15 % del peso de un ave voladora. Dos pares de pectorales, mayor y menor, funcionan como depresores y elevadores del ala, trabajando de forma simétrica y opuesta: cuando uno se contrae, el otro se relaja. Su ubicación dentro de la caja torácica se corresponde más o menos con el centro de gravedad del ave. Por otra parte, el ala necesita de fuertes tendones para moverse.

EL COLIBRÍ
Por su adaptación al vuelo estacionario, los músculos pectorales pueden llegar al 40 % del peso del animal.

CRÁNEO
Ligero debido a la fusión de huesos. No tiene dientes, barra mandibular ni músculos trituradores.

MANDÍBULA SUPERIOR DEL PICO
En algunas especies tiene movilidad.

MANDÍBULA INFERIOR DEL PICO
Móvil, les permite abrir mucho la boca.

FÚRCULA
Son las clavículas soldadas en forma de horquilla. Es un hueso únicamente propio de las aves.

ESTERNÓN
Hiperdesarrollado en aves voladoras, con su larga quilla facilita la inserción de los pectorales.

BATIDO DESCENDENTE

Ala derecha
Húmero
Tendón
Ala izquierda
Coracoides

1 LOS PECTORALES MAYORES SE CONTRAEN

Quilla
Patas

LOS PECTORALES MENORES SE RELAJAN

2 SE PRODUCE EL BATIDO DESCENDENTE DE LAS ALAS

LAS ALAS
Sin duda, la mayor adaptación de las aves. Las recorren fuertes tendones que se insertan en los huesos de la mano, donde se anclan las plumas.

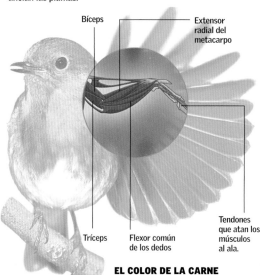

Bíceps
Extensor radial del metacarpo

Tríceps
Flexor común de los dedos
Tendones que atan los músculos al ala.

BATIDO ASCENDENTE

Tendón
Ala derecha
Coracoides
Ala izquierda
Húmero

1 LOS MÚSCULOS PECTORALES MAYORES SE RELAJAN

Patas

2 LOS PECTORALES MENORES SE CONTRAEN Y LEVANTAN LAS ALAS

EL COLOR DE LA CARNE
Depende de la irrigación sanguínea de los músculos: cuanto mayor, más roja. Las aves voladoras son de carne roja y las no voladoras, de carne blanca (pollo).

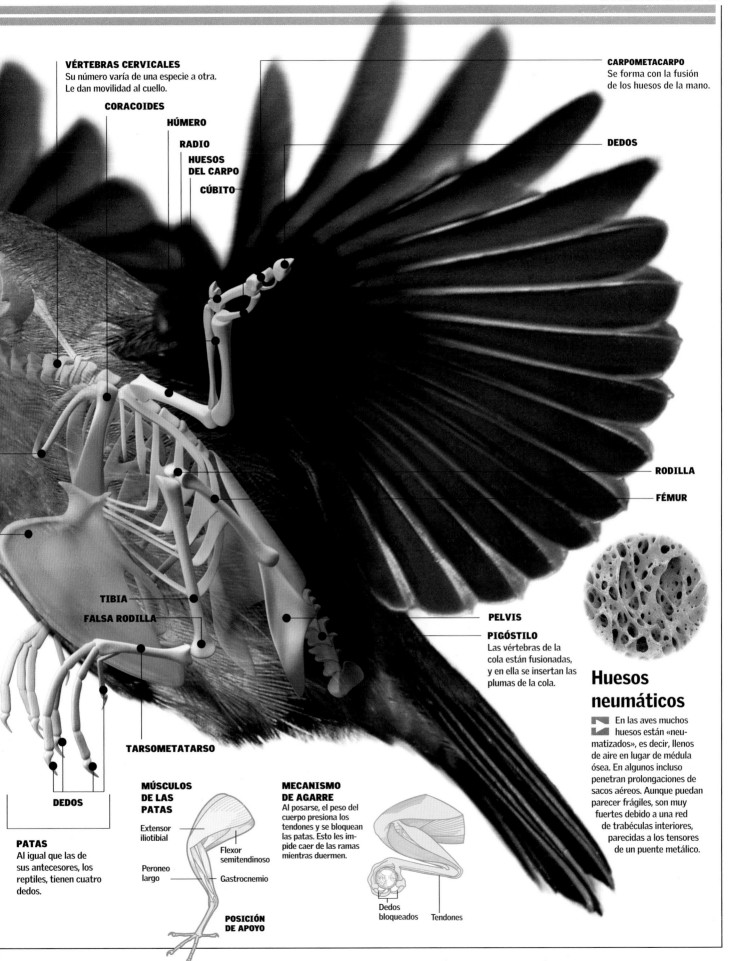

VÉRTEBRAS CERVICALES
Su número varía de una especie a otra.
Le dan movilidad al cuello.

CORACOIDES

HÚMERO

RADIO

**HUESOS
DEL CARPO**

CÚBITO

CARPOMETACARPO
Se forma con la fusión
de los huesos de la mano.

DEDOS

RODILLA

FÉMUR

TIBIA

FALSA RODILLA

TARSOMETATARSO

PELVIS

PIGÓSTILO
Las vértebras de la
cola están fusionadas,
y en ella se insertan las
plumas de la cola.

DEDOS

PATAS
Al igual que las de
sus antecesores, los
reptiles, tienen cuatro
dedos.

**MÚSCULOS
DE LAS
PATAS**

Extensor
iliotibial

Flexor
semitendinoso

Peroneo
largo

Gastrocnemio

**POSICIÓN
DE APOYO**

**MECANISMO
DE AGARRE**
Al posarse, el peso del
cuerpo presiona los
tendones y se bloquean
las patas. Esto les im-
pide caer de las ramas
mientras duermen.

Dedos
bloqueados

Tendones

Huesos
neumáticos

En las aves muchos
huesos están «neu-
matizados», es decir, llenos
de aire en lugar de médula
ósea. En algunos incluso
penetran prolongaciones de
sacos aéreos. Aunque puedan
parecer frágiles, son muy
fuertes debido a una red
de trabéculas interiores,
parecidas a los tensores
de un puente metálico.

Las plumas

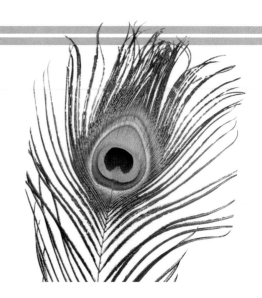

Las plumas son la característica que distingue a las aves del resto de los animales. Son las que les proporcionan su llamativo colorido, las protegen del frío y el calor, les permiten desplazarse fácilmente por el aire y el agua y las ocultan a sus enemigos, además de ser una de las causas por las que el hombre las ha domesticado y cazado. El conjunto de plumas se denomina plumaje, y su colorido es vital en el éxito reproductivo.

Estructura

La estructura de una pluma presenta dos partes: el eje y la lámina. El eje se denomina raquis y la parte que se inserta en la piel del ave se llama cálamo. En esa zona del raquis se genera el movimiento de las plumas. La lámina, por su parte, está formada por barbas que, a su vez, se ramifican en bárbulas. En aquellas plumas en que las bárbulas presentan en el extremo una serie de ganchillos, la lámina se denomina vexilo. El entretejido que se forma con los ganchillos del vexilo constituye una red que aporta rigidez y resistencia, contribuye a que la pluma sea impermeable y, además, define la forma aerodinámica característica de las plumas. Cuando una pluma se desgasta, crece otra nueva que la sustituye.

1 En la epidermis del ave se desarrolla un engrosamiento o papila.

2 En la papila, células especiales de la epidermis forman un folículo.

3 En el folículo crece un tubo que se elongará desde la base y se convertirá en la pluma.

INTERIOR HUECO

PULPA INTERIOR DEL CAÑÓN

OMBLIGO INFERIOR
Es el orificio de la base del cálamo donde penetra la papila dérmica. Por él reciben los nutrientes las plumas en crecimiento.

BORDE
Presenta un perfil aerodinámico óptimo para el vuelo.

RAQUIS
Eje principal de la pluma, similar a una caña hueca.

CÁLAMO
Aporta los nutrientes necesarios durante el crecimiento de la pluma. En la base hay terminaciones nerviosas que se estimulan con el movimiento de la pluma. Así, el ave puede detectar cambios en su entorno.

OMBLIGO SUPERIOR
Contiene algunas barbas sueltas y en algunas plumas se inserta un raquis secundario: el hiporraquis.

BARBAS
Son ramificaciones delgadas y rectas que crecen perpendiculares al raquis.

Tipos de plumas

Existen tres tipos principales de plumas, que se clasifican según su ubicación: las más próximas al cuerpo se llaman plumón; por encima se encuentran las plumas de contorno; y las grandes plumas de las alas y la cola, las plumas de vuelo, reciben a menudo el nombre de remeras (las de las alas) y rectrices o timoneras (las de la cola).

PLUMÓN
Son plumas, ligeras y sedosas que protegen al ave del frío. El raquis es corto o inexistente, las barbas son largas y las bárbulas carecen de ganchillos. Por lo general, es el primer tipo de pluma que les sale a las aves.

CONTORNO
También llamadas plumas coberteras, se caracterizan por ser cortas y redondeadas. Son más rígidas que el plumón y, como recubren todo el cuerpo del ave, incluidas la cola y las alas, son las que le dan su forma en vuelo.

Qué es la queratina

La queratina es una proteína que hay en la capa más externa de la piel de las aves, como en la de otros animales vertebrados. Es el principal componente de las plumas, el pelo y las escamas. Su particular resistencia contribuye a que no se desarme el entretejido de ganchillos en el vexilo. Así, la forma de la pluma se mantiene a pesar de la presión del aire durante el vuelo.

BARBAS

BÁRBULAS

GANCHILLOS O BARBICELOS

VEXILO O LÁMINA
En la porción externa hay gran cantidad de barbicelos.

25 000

EL NÚMERO DE PLUMAS QUE PUEDEN TENER AVES GRANDES, POR EJEMPLO, UN CISNE
En cambio, un ave pequeña, como un gorrión, posee una cantidad de plumas que oscila entre las 2000 y las 4000.

ESCOTADURA
Las turbulencias durante el vuelo se atenúan gracias a esta muesca presente en el extremo del ala.

ACICALAMIENTO

El ave necesita arreglarse las plumas con el pico no solo para mantenerlas limpias y sin parásitos, sino para preservar su lubricación y así resistir mejor las inclemencias del tiempo. Pasan el pico por la glándula uropigial y distribuyen por todo el plumaje el aceite y la cera que allí se producen. Esta tarea es una cuestión de supervivencia.

LIMPIEZA CON HORMIGAS

Algunas aves, como determinadas tángaras, pican hormigas con el pico, las muelen y se untan las plumas con ellas. Se cree que los jugos ácidos de las hormigas machacadas funcionan sobre el plumaje como repelente contra piojos y otros parásitos externos.

BAÑOS DE POLVO

Se los dan aves como faisanes, perdices, avestruces, palomas y gorriones. Esta conducta está asociada con el control del equilibrio de grasa en las plumas.

PTERILOS Y APTERILOS

A simple vista, el cuerpo de un ave está recubierto de plumas. Sin embargo, no es así: solo le crecen en zonas concretas llamadas pterilos, donde están las papilas que dan origen a nuevas plumas. Los pterilos tienen una forma y disposición particular en cada especie y están rodeados de zonas desnudas llamadas apterilos en las que no crecen plumas. Los pingüinos son las únicas aves que tienen plumas en todo el cuerpo, particularidad que les permite habitar regiones de clima frío.

GARZA IMPERIAL
El plumón de talco mantiene su plumaje impermeable.

ESPECIALES

Las vibrisas son plumas especiales formadas por un solo filamento y a veces con barbas sueltas en la base, con una función táctil. Se disponen alrededor de la base del pico, de las narinas o de los ojos. Son muy finas y generalmente están mezcladas con plumas de contorno.

Filoplumas

Vibrisas

PLUMÓN DE TALCO

Es un tipo especial de plumas que se presenta en algunas aves acuáticas: crece constantemente por el extremo, deshaciéndose en pequeñas escamas cerosas. Ese «talco» se distribuye por el plumaje para su protección.

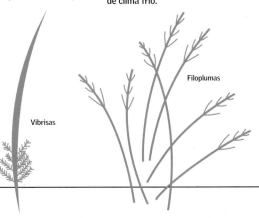

Primero, el huevo

Las aves han conservado el método de reproducción de sus antecesores, los reptiles terópodos. En general, ponen tantos huevos como crías podrán cuidar hasta que sean independientes. Muy adaptados al medio, los huevos varían en color y forma de una especie a otra. Esas diferencias están destinadas a defenderlos mejor de los depredadores. También varían mucho en tamaño: uno de avestruz es dos mil veces más grande que el de un colibrí.

3 La mayoría de los órganos del ave se forman a las pocas horas de incubación.

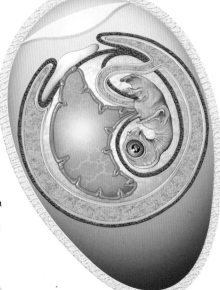

Formación

Las aves tienen un solo ovario funcional (el izquierdo), que crece drásticamente en la época de apareamiento. El óvulo puede descender y formar lo que se llaman huevos infecundos (son los que por lo general tenemos en la cocina). En caso de ser fecundados, se inicia el desarrollo embrionario. El óvulo (fecundado o no) desciende hasta la cloaca en pocas horas o días. A partir del istmo, se forma la cáscara por secreción de calcio. Blanda al principio, la cáscara se endurece al entrar en contacto con el aire.

2 El embrión se alimenta para crecer, y produce desechos que quedan alojados en una bolsa especial.

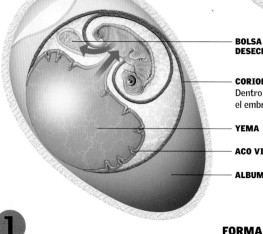

BOLSA DE DESECHOS

CORION
Dentro quedan protegidos el embrión y su alimento.

YEMA

ACO VITELINO

ALBUMEN

1 ÓVULOS
Están en folículos semejantes a un racimo de uvas.

ÓVULO

2 DESCENSO
Una vez fecundado, el huevo baja por el oviducto hasta el istmo.

ISTMO

3 CÁSCARA
Las membranas de la cáscara se forman en el istmo.

5 CLOACA
Una gallina expulsa el huevo 24 horas después (promedio).

4 ÚTERO
El huevo adquiere el pigmento y se endurece la cáscara.

CLOACA

1 El huevo contiene un embrión alojado a un lado de la yema, que se mantiene en medio de la clara (albumen) sujeta por un cordón de proteínas y aislada del mundo exterior.

EMBRIÓN

CORDÓN PROTEICO (CHALAZA)

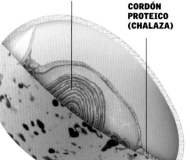

FORMA

Depende de la presión de las paredes del oviducto. Sale primero el extremo romo.

Oval: el más frecuente

Cónico: reduce el riesgo de caída

Esférico: reduce la superficie

COLOR Y TEXTURA

Tanto la textura como el color sirven para que los padres puedan localizarlos.

Huevo claro

Huevo oscuro

Huevo moteado

PUESTAS

Así se llama el grupo de huevos que se ponen de una vez. En la misma temporada de apareamiento, un gorrión puede hacer varias puestas. Si se retiran unos cuantos huevos del nido, el pájaro los sustituye sin dificultad.

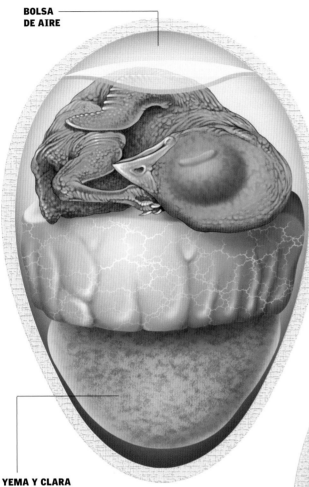

BOLSA
DE AIRE

YEMA Y CLARA
Se van haciendo más
pequeñas.

EL CASCARÓN

Formado por una capa
sólida de carbonato de
calcio (calcita), tiene
poros que permiten
al polluelo respirar.
La entrada de bacterias
la impiden dos mem-
branas que recubren
el huevo, una por dentro
y otra por fuera.

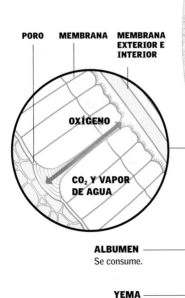

POROS   MEMBRANA   MEMBRANA
EXTERIOR E
INTERIOR

OXÍGENO

CO_2 Y VAPOR
DE AGUA

8 %
**EL PORCENTAJE
MEDIO DEL HUEVO
QUE CORRESPONDE
A LA CÁSCARA**

4

El pico y las escamas de las
patas se endurecen hacia el
final, cuando el polluelo está
formado y es casi tan grande
como el huevo. Luego inicia la
rotación para posicionarse y
romper el cascarón.

5

Cuando el polluelo está preparado para romper el cascarón,
ocupa la totalidad del huevo. Está encogido, con las patas
contra el pecho, de forma que con los mínimos movimientos y la
ayuda de un endurecimiento protuberante que tiene en la punta
del pico, llamado diente de huevo, logra romper la cáscara

TAMAÑO

No existe una proporción exacta entre
el tamaño del ave y el de su huevo.

500 g
(1 libra)
HUEVO DE KIWI

60 g
(2 onzas)
HUEVO DE GALLINA

ALBUMEN
Se consume.

YEMA
Desaparece en el cuerpo.

Aves que no vuelan

Una minoría de las aves han perdido la capacidad de volar. Su característica principal es la pérdida o reducción de las alas, aunque en algunos casos quizá sea su enorme peso lo que les impide alzar el vuelo: pueden pesar más de 18 kg (39 libras). El grupo engloba las aves corredoras (avestruces, casuarios, emúes, ñandúes y kiwis); otras muy veloces que habitan en zonas remotas de Nueva Zelanda; y las nadadoras, como los pingüinos, que desarrollaron una extraordinaria habilidad en el medio acuático.

AVESTRUZ AFRICANO
Es una especie única que habita el este y el sur de África. Los adultos alcanzan los 2,75 m (9 pies) de altura y un peso de 150 kg (330 libras).

Supernadadoras

El pingüino tiene el cuerpo recubierto de tres capas de pequeñas plumas superpuestas, con las extremidades reducidas y una forma hidrodinámica que le ayudan a desplazarse ágil y velozmente por el agua. Su denso plumaje impermeable y su capa de grasa lo aíslan de las bajas temperaturas de las regiones que habita. Como sus huesos son compactos y pesados, se sumerge con facilidad. Esta adaptación lo distingue de las aves voladoras, cuyos huesos son huecos y livianos.

ASOMBROSO

El dodo era un ave no voladora endémica de las islas Mauricio que fue objeto de caza por parte de los marineros hasta su extinción, en el siglo XVII.

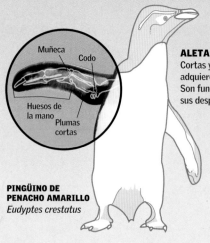

Muñeca
Codo
Huesos de la mano
Plumas cortas

ALETAS
Cortas y compactas, las alas adquieren aspecto de aletas. Son fundamentales para sus desplazamientos.

PINGÜINO DE PENACHO AMARILLO
Eudyptes crestatus

CABEZA PEQUEÑA

CUELLO LARGO

ALAS ATROFIADAS

PELVIS

ESTERNÓN PLANO

HUESO ROBUSTO

PINGÜINO EN EL AGUA

DURANTE LA CAZA
Las alas funcionan como aletas. Las patas, palmeadas y con cuatro dedos dirigidos hacia atrás, marcan junto con la cola el rumbo del buceo.

TOMAR AIRE
Cuando están buscando su comida bajo el agua, los pingüinos necesitan saltar fuera del agua de vez en cuando para tomar aire.

MOMENTO RELAX
Cuando están descansando, van despacio. Flotan en el agua con la cabeza en alto y equilibran el cuerpo con alas y patas.

PECHO DE CORREDOR

La forma de quilla del esternón de las aves voladoras y nadadoras ofrece mayor superficie de inserción a los músculos pectorales. El esternón plano de las corredoras tiene menor superficie y, por tanto, permite menos movilidad.

ESTERNÓN EN FORMA DE QUILLA

Las ratites

Las aves corredoras pertenecen al grupo de las ratites (*rata* = balsa, en alusión a su esternón plano). Sus extremidades anteriores están atrofiadas o tienen funciones no relacionadas con el vuelo. Las posteriores están equipadas con potentes músculos y huesos robustos y resistentes. Otra diferencia se presenta en el esternón: en su caso es un hueso plano sin quilla como la que presentan las aves voladoras y nadadoras. En estado salvaje solo se encuentran en el hemisferio Sur. Los tinámidos endémicos de América del Sur y Central forman parte de este grupo.

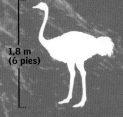

1,8 m (6 pies)

1,2 m (4 pies)

1,4 m (4,5 pies)

0,4 m (1,25 pies)

ESTRUCIONIFORMES
El avestruz es la única especie de este grupo. Las alas le sirven para equilibrarse en su veloz carrera. Solo tiene dos dedos en cada pata. El macho adulto puede llegar a pesar 150 kg (330 libras).

REIFORMES
Los ñandúes. Son comunes en países de Sudamérica, como Argentina. Parecen pequeños avestruces. Pies con tres dedos les permiten correr tras sus presas. Con su largo cuello y una excelente vista, son hábiles cazadores.

CASUARIFORMES
Ágiles corredores y nadadores. Son distintivos los colores del cuello y la cabeza. Un casco óseo las protege en la carrera entre la vegetación. Tienen unas garras largas y afiladas.

APTERIFORMES
Los kiwis. Tienen cuatro dedos en cada pata y sus plumas parecen pelos porque no tienen bárbulas. Su agudo olfato les sirve para hallar insectos durante la noche. Ponen un solo huevo por puesta, grande.

Correr y patear

Los avestruces corren para escapar de sus depredadores y para cazar lagartijas y pequeños roedores. En ambos casos sus potentes patas les permite alcanzar una velocidad de 72 km/h (45 millas/h) y mantenerla 20 minutos. Cuando la carrera no es suficiente para la defensa, las patadas son el siguiente recurso para desalentar a los atacantes. En las paradas nupciales, fuertes pataleos sirven también para conquistar a las hembras.

RASCÓN WEKA
Gallirallus australis

ASIA

OCEANÍA

AUSTRALIA   NUEVA ZELANDA

0,6 m (2 pies)

MAYOR DIVERSIDAD
Muchas de estas aves corredoras se pueden ver en distintas partes del mundo debido a la intervención del hombre. En Oceanía, por su aislamiento continental, es donde más se han diversificado las aves no voladoras.

18
VÉRTEBRAS TIENE EL CUELLO DE UN AVESTRUZ

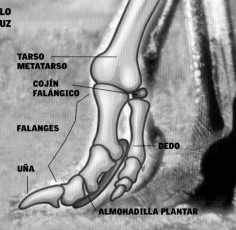

TARSO METATARSO

COJÍN FALÁNGICO

FALANGES

DEDO

UÑA

ALMOHADILLA PLANTAR

Sobre dos dedos
Al apoyar solo dos dedos, la superficie de contacto del pie con el suelo es muy reducida, lo que se traduce en una ventaja para el desplazamiento en tierra.

También caminan

Más de 260 especies, entre ellas las gallinas, pertenecen al orden de las galliformes, que incluye pavos y faisanes. Las aves de este grupo tienen quilla y realizan vuelos bruscos y rápidos, pero solo en situaciones extremas. Sus patas son aptas para andar, correr y escarbar la tierra. El grupo abarca a las aves de mayor provecho para el hombre en todo el mundo.

1 Toma carrerilla y salta.

2 Aleteo rápido y torpe.

3 Aterrizaje forzoso.

Aves de agua dulce

Componen un grupo de aves bien distintas entre sí, desde el martín pescador hasta patos y cigüeñas, cubriendo un amplio espectro. Habitan ríos, lagos y lagunas durante al menos una parte del año y están perfectamente adaptadas a la vida acuática. Algunas son excelentes nadadoras, otras, zambullidoras, y un grupo numeroso vadea los cursos de agua sobre sus altas patas mientras va pescando. Su dieta es variada, y en su mayoría son omnívoras.

Patos y primos lejanos

Patos, gansos, cisnes y ánsares forman uno de los grupos más conocidos de aves: las Anseriformes. Tienen las patas palmeadas y cortas, y el pico ancho y deprimido bordeado de lamelas (falsos dientes) que les permiten filtrar el alimento, atrapar peces o escarbar en el lecho de ríos y lagunas. En su mayoría son aves omnívoras y de hábitos acuáticos, ya sean de superficie o zambullidoras, aunque algunas especies llevan una vida más terrestre. Su distribución es amplia y el plumaje de los machos, muy colorido en épocas de cortejo.

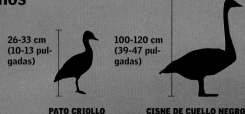

26-33 cm (10-13 pulgadas)

PATO CRIOLLO
Cairina moschata

100-120 cm (39-47 pulgadas)

CISNE DE CUELLO NEGRO
Cygnus melancoryphus

66-86 cm (26-34 pulgadas)

ÁNSAR CARETO
Anser albifrons

MEMBRANA INTERDIGITAL PLEGADA

MEMBRANA INTERDIGITAL DESPLEGADA

QUÉ HACEN CON LAS PATAS AL NADAR

El pato hace dos movimientos: para avanzar, abre los dedos y rema con las membranas; para volver al punto de partida, los cierra. Si el ave quiere virar, empuja de lado con una sola pata.

ALIMENTACIÓN DEL PATO

1
Nada por la superficie buscando comida por debajo del agua.

2
Hunde la cabeza en el agua, se impulsa de golpe con las patas y dobla el cuello hacia abajo.

3
Flota cabeza abajo, hurgando con el pico en el fondo.

ORIFICIOS
Abiertos y ovalados.

LAMELAS
Alrededor de los bordes interiores del pico.

PICOS DE PATO

Son planos, anchos y ligeramente deprimidos hacia el centro. En general su forma no varía, pero hay especies con el pico diminuto, como el pato mandarín.

5-10 cm (2-4 pulgadas)

2,7 cm (poco más de 1 pulgada)

PICO DE PALA:
característico de muchos patos. Es de tamaño variable.

PICO DE PATO MANDARÍN:
una de las especies con el pico más pequeño.

SIRIRÍ COLORADO
Dendrocygna bicolor

Aves zancudas

Pertenecen a un orden artificial, ya que desde el punto de vista genético son especies no emparentadas. Se agrupan porque la adaptación al mismo hábitat hizo que desarrollaran formas similares: largos picos y cuellos para movimientos ágiles, patas delgadas y estilizadas para vadear los acuíferos durante la pesca. Las garzas forman un grupo particular porque son cosmopolitas y porque tienen plumón de talco. Ibis y cigüeñas también están ampliamente distribuidos. Las aves con pico de zapato y de martillo solo se encuentran en África.

Zambullidoras y otras pescadoras

Las zambullidoras pertenecen a la familia de las Podicipediformes. Se alimentan de pececillos e insectos acuáticos y son muy torpes en tierra firme. En el orden de los Coraciiformes, los martines pescadores y otras aves similares localizan a sus presas observando atentamente el agua desde alguna altura. Cuando ven cualquier pececillo, se lanzan en picado y lo capturan con el pico. En el orden de los Charadriiformes, los alcaravanes deambulan por los bordes de lagunas en busca de alimento. Sus patas largas los mantienen lejos del agua. No son nadadores.

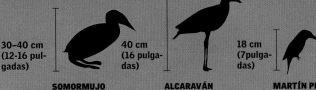

30–40 cm (12-16 pulgadas)

SOMORMUJO
Podiceps sp.

40 cm (16 pulgadas)

ALCARAVÁN
Burhinus oedicnemus

18 cm (7 pulgadas)

MARTÍN PESCADOR
Alcedo atthis

ASOMBROSO

Los pelícanos tienen el pico largo y usan su mandíbula inferior, que se abre formando una enorme bolsa expandible, para recoger los peces que nadan cerca de la superficie.

PICO DE IBIS
Es largo y delgado, ideal para sumergirlo en el barro y buscar comida.

IBIS BLANCO AMERICANO
Edocimus albus

IBIS (*Ibis* sp.): los hay filtradores y pescadores.

CIGÜEÑA (*Ciconia* sp.): pesca con su largo pico.

PICOZAPATO (*Balaeniceps rex*): se alimenta entre papiros flotantes.

GARZA (*Egretta* sp.): pesca con su agudo pico.

ESPÁTULA COMÚN
(*Platalea leucorodia*): come varios tipos de animales acuáticos.

AVE MARTILLO (*Scopus umbretta*): pesca y caza animales pequeños.

LAS PATAS DEL IBIS
Los mantienen por encima del agua, pero lo bastante cerca como para que puedan pescar y remover el lecho de los acuíferos.

Grandes cazadoras

Las aves rapaces, o de presa, son cazadoras y carnívoras por naturaleza: están perfectamente equipadas para alimentarse de animales vivos. Su vista es tres veces más aguda que la de los seres humanos; su oído está diseñado para determinar la situación de su presa con extremada precisión; sus garras son afiladas y fuertes; y pueden matar a un pequeño mamífero solo con la presión de sus patas. Además, con su pico ganchudo pueden matar de golpe a la víctima rompiéndole el cuello de un solo picotazo. Águilas, halcones, buitres, búhos y lechuzas son ejemplos de aves de presa. Pueden ser diurnas o nocturnas, y siempre están al acecho.

Diurnas y nocturnas

Águilas, halcones y buitres son aves rapaces diurnas, mientras que lechuzas y búhos son nocturnas, porque desarrollan su actividad durante la noche. Ambos grupos no están estrechamente emparentados. Las presas principales de estas aves incluyen mamíferos pequeños, reptiles e insectos. Cuando localizan a la víctima, se lanzan sobre ella. Las rapaces nocturnas están especialmente adaptadas: tienen una visión sumamente desarrollada, sus ojos están orientados hacia delante y tienen un oído muy fino. Las plumas de sus alas están dispuestas de tal modo que no hacen ruido cuando el ave vuela y, por otra parte, son de un color apagado que durante el día, mientras duerme, la hace pasar desapercibida en su entorno.

BÚHO REAL
Bubo bubo
Sus oídos asimétricos pueden determinar la situación de su presa con gran precisión.

ÁGUILA CALVA
Haliaeetus leucocephalus
Tiene un campo visual de 220° y uno bifocal de 50°.

CERA
Formación carnosa, abultada y blanda.

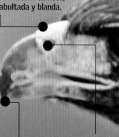

Pico

El pico de las aves rapaces es ganchudo, y en ocasiones presenta un diente que funciona como un cuchillo y les permite matar a sus presas, desgarrar la piel y los tejidos musculares, y extraer el alimento con total facilidad. La estructura y la forma del pico cambian de una especie a otra. Las carroñeras (como buitres y cóndores) tienen el pico más débil porque los tejidos de los animales en descomposición son más blandos. Otras especies, como los halcones, cazan la presa con las garras y, con el pico, la rematan de un violento picotazo en la nuca que les rompe la columna vertebral.

PUNTA
Aquí está el diente.

ORIFICIO NASAL
Canales olfatorios.

Aguilucho negro
Buteo albonotatus

EGAGRÓPILAS

Los búhos y lechuzas producen egagrópilas: se tragan las presas enteras y regurgitan las sustancias indigeribles. El estudio de las egagrópilas permite determinar con precisión la fauna de zonas concretas.

ÁGUILA CALVA
Su pico ganchudo es común entre las aves rapaces.

GAVILÁN
Tiene un pico delgado con el que puede sacar caracoles de su concha.

HALCÓN
Con la parte superior del pico puede romper la espina dorsal de una presa.

AZOR
Con su fuerte pico puede cazar presas grandes como una liebre.

DIMENSIONES

Las alas de las aves rapaces están adaptadas para satisfacer sus necesidades de desplazamiento y llegan a envergaduras de casi tres metros.

CÓNDORES
0,95-2,9 m (3-9½ pies)

ÁGUILAS
1,35-2,45 m (4½-8 pies)

RATONERAS
1,2-1,5 m (4-5 pies)

MILANOS
0,8-1,95 m (2½-6½ pies)

AGUILUCHOS
1,05-1,35 m (3½-4½ pies)

HALCONES
0,67-1,25 m (2¼-4 pies)

CÓMO CAZA EL BUITRE

1
Los buitres se alimentan principalmente de carroña, aunque si la situación se presenta pueden atacar a un animal vulnerable.

2
Al poder sostenerse planeando sobre corrientes cálidas, pueden encontrar cadáveres para alimentarse sin gastar energía.

3
Una vez localizado el alimento, analizan el territorio para saber si luego podrán volver a levantar el vuelo.

ASOMBROSO

La visión de las aves rapaces es ocho veces más nítida que la de los humanos. El águila real puede detectar a sus presas a 1,6 km (1 milla) de distancia.

Patas

La mayoría de las rapaces atrapan y matan a las presas con las garras y desgarran la carne con el pico. Por eso las patas constituyen una de las características morfológicas de estas especies. Los dedos terminan en fuertes y afiladas uñas que hacen de tenazas para atrapar presas en vuelo. El gavilán pescador tiene además en la planta de las patas unas espinas que evitan que le resbalen los peces.

BUITRE LEONADO
Dedos largos con poca fuerza de agarre.

ÁGUILA PESCADORA
Dedos con escamas rugosas como espinas que le ayudan a cazar peces.

AZOR
Tiene callosidades en la punta de los dedos.

GAVILÁN
Las patas están dotadas de tarso y dedos cortos robustos.

El club de los pájaros

Las Paseriformes son el orden más amplio y diverso de entre las aves. ¿Cómo son? Tienen las patas con tres dedos dirigidos hacia delante y uno hacia atrás, lo que les facilita el agarrarse a las ramas, aunque también las hay que van por el suelo y entre matorrales. Ocupan ambientes terrestres en todo el mundo: desde desiertos hasta bosques. Sus sonidos y cantos complejos se originan en una siringe muy desarrollada. Los polluelos de las Paseriformes son nidícolas: nacen desnudos y ciegos. En las etapas juveniles son ágiles y vivaces, con un plumaje muy llamativo, abundante y colorido.

ASOMBROSO

La siringe de las aves cantoras se encuentra en la base de la tráquea donde se bifurca en los pulmones. Ello permite que algunas aves puedan hacer más de un sonido a la vez.

Los más pequeños

Todos estos pájaros son pequeños en comparación con otras aves: oscilan entre los 5 cm que mide el zunzuncito (*Mellisuga helenae*) o los 19 cm de la golondrina patagónica (*Tachycineta leucopyga*) y los 65 cm del cuervo común (*Corvus corax*).

COLIBRÍES
5 CM (2 PULGADAS)
Obtienen tanta energía del néctar, su comida, que pueden duplicar su peso corporal. Sin embargo, la consumen en su frenético vuelo.

GOLONDRINAS
19 CM (7 PULGADAS)
Las golondrinas son muy ágiles y diestras. Estas simpáticas migratorias tienen el cuerpo adaptado a largos viajes.

CUERVOS
65 CM (26 PULGADAS)
Comen de todo: frutas, insectos, reptiles, pequeños mamíferos y aves. Son hábiles ladrones de todo tipo de alimentos.

AVES PASERIFORMES

Se han clasificado 79 familias de estas aves, que se distribuyen en más de 5400 especies.

50 %

EL PORCENTAJE DE LAS AVES QUE SE INCLUYEN EN EL ORDEN DE LAS PASERIFORMES.

Álbum de familia

Para favorecer el estudio de las familias, se han establecido cuatro grupos básicos: pájaros de pico ancho; pájaros de plumaje pardo y apagado, como el hornero, que destacan por su esmero en la construcción de nidos; aves lira, con dos plumas externas en la cola más largas que las otras; y pájaros cantores, que elaboran agradables cantos. Estos últimos constituyen el grupo más numeroso y variado, que incluye, por ejemplo, golondrinas, jilgueros, canarios, vireos y cuervos.

AVES LIRA
Solo existen dos especies de estas Paseriformes y son exclusivas de Australia. Son pájaros muy melódicos y excelentes imitadores de otras aves. Incluso pueden imitar el sonido de objetos inanimados, como los cascos de un caballo.

PICO CORTO Y DURO
En las golondrinas el pico es muy corto y fuerte. Con él atrapan insectos en vuelo.

CANTORAS
La golondrina barranquera (*Notiochelidon cyanoleuca*) entona su canto agradable y gorjeante volando o al posarse. Calandrias, jilgueros, canarios y otros pájaros nos deleitan con sus trinos y sonidos.

SIRINGE
Órgano fonador, situado en la porción final de la tráquea. Los músculos que se insertan en ella agitan las paredes bronquiales, que al paso del aire producen los sonidos melodiosos que caracterizan a las aves cantoras.

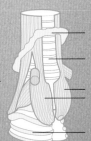

CARTÍLAGO SIRÍNGEO

ANILLO TRAQUEAL

MÚSCULOS BRONQUIALES

ANILLO BRONQUIAL

DE PUNTA A PUNTA
Estas aves van de un hemisferio al otro. Crían a sus polluelos en el norte y pasan el invierno en el sur. Llegan hasta Tierra del Fuego. Su sentido de la orientación es sorprendente: cuando vuelven de su migración, encuentran su nido.

A En verano, durante la época de reproducción, viven en el hemisferio Norte, en Norteamérica. En general, se conocen como aves migratorias neotropicales las que se reproducen por encima del Trópico de Cáncer.

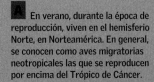

B Al llegar el invierno en el hemisferio Norte se desplazan hacia el sur en migraciones masivas. Ocupan la región del Caribe y Sudamérica. La golondrina común recorre 22 000 km (14 000 millas) en su viaje migratorio desde Estados Unidos hasta el sur de Argentina. También se encuentra en otras partes del mundo.

PATA PERCHERA
Tres dedos enfocados hacia delante y otro bien desarrollado hacia atrás les permite aferrarse con fuerza a las ramas.

GOLONDRINA COMÚN
(*Hirundo rustica*)
Pasa la mayor parte del tiempo de viaje hacia zonas templadas.

PICO ANCHO
Son oriundos de África y Asia y habitan las zonas tropicales con vegetación densa. Se alimentan de insectos y frutos. Emiten sonidos no vocales con el aleteo. Lo hacen durante el cortejo y el sonido puede oírse a 60 m (200 pies de donde lo producen.

HORNEROS Y PARIENTES
Sus nidos son una estructura totalmente cubierta, semejante a un horno. Otros miembros de esta familia fabrican nidos con hojas y pajitas tejiendo interesantes canastos. Otros excavan túneles en la tierra.

Una piel con escamas

Los reptiles son vertebrados, es decir, animales con columna vertebral, y su piel es dura, seca y escamosa. Como las aves, la mayoría de ellos nacen de huevos con cáscara que la madre deposita en tierra. Las crías salen formadas por completo, sin pasar por una etapa larvaria. Los primeros reptiles aparecieron durante el alto Carbonífero, en la era Paleozoica. Durante el Mesozoico evolucionaron y florecieron, por lo que esta época también se conoce como era de los reptiles. Solo cinco de los 23 órdenes que existieron tienen aún representantes vivos.

ESCINCO DE COLA DE MONO
Corucia zebrata

MEMBRANAS EMBRIONARIAS
Desarrollan dos: un amnios protector y un alantoides respiratorio, una membrana vascular fetal.

OJOS
Casi siempre pequeños, en los animales diurnos con la pupila redondeada.

MEMBRANA NICTITANTE
Se extiende hacia delante desde el ángulo interno del ojo y lo cubre.

4765
SON LAS ESPECIES DE LAGARTOS QUE EXISTEN

Hábitat

Los reptiles tienen una gran capacidad de adaptación porque se adaptan a una increíble variedad de ambientes. Están en todas partes, excepto en la Antártida, y en la mayoría de los países hay, al menos, una especie de reptil terrestre. Se pueden encontrar tanto en el desierto más seco y caluroso como en la selva más húmeda, aunque donde son más comunes es en las regiones tropicales y subtropicales de África, Asia, Australia y América, donde las altas temperaturas y la gran diversidad de presas les permiten prosperar.

CAIMÁN NEGRO
Melanosuchus niger

Cocodrilos

Por lo general, son grandes. En la espalda, desde el cuello hasta la cola, tienen unas hileras de placas óseas que pueden dar la impresión de ser espinas o dientes. Los cocodrilos aparecieron a finales del Triásico y son los parientes vivos más cercanos de los dinosaurios y las aves. Su corazón está dividido en cuatro cámaras, su cerebro muestra un alto grado de desarrollo y la musculatura de su abdomen está tan desarrollada que parece la molleja de un ave. Las especies más grandes son muy peligrosas.

OVÍPAROS
La mayoría de los reptiles son ovíparos (ponen huevos), pero muchas especies de serpientes y lagartos son ovovivíparas (paren crías vivas).

TÓRAX Y ABDOMEN
No están separados por un diafragma. La respiración se realiza con la ayuda de músculos de las paredes del cuerpo.

ALIGÁTOR AMERICANO
Alligator mississippiensis

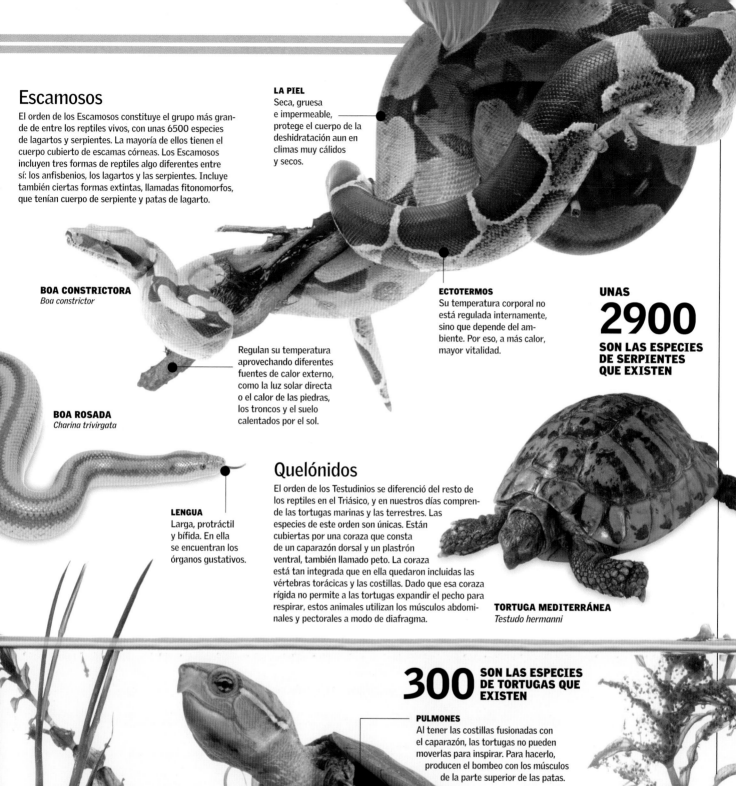

Escamosos

El orden de los Escamosos constituye el grupo más grande de entre los reptiles vivos, con unas 6500 especies de lagartos y serpientes. La mayoría de ellos tienen el cuerpo cubierto de escamas córneas. Los Escamosos incluyen tres formas de reptiles algo diferentes entre sí: los anfisbenios, los lagartos y las serpientes. Incluye también ciertas formas extintas, llamadas fitonomorfos, que tenían cuerpo de serpiente y patas de lagarto.

LA PIEL
Seca, gruesa
e impermeable,
protege el cuerpo de la
deshidratación aun en
climas muy cálidos
y secos.

BOA CONSTRICTORA
Boa constrictor

ECTOTERMOS
Su temperatura corporal no
está regulada internamente,
sino que depende del am-
biente. Por eso, a más calor,
mayor vitalidad.

UNAS
2900
**SON LAS ESPECIES
DE SERPIENTES
QUE EXISTEN**

Regulan su temperatura
aprovechando diferentes
fuentes de calor externo,
como la luz solar directa
o el calor de las piedras,
los troncos y el suelo
calentados por el sol.

BOA ROSADA
Charina trivirgata

LENGUA
Larga, protráctil
y bífida. En ella
se encuentran los
órganos gustativos.

Quelónidos

El orden de los Testudinios se diferenció del resto de
los reptiles en el Triásico, y en nuestros días comprende las tortugas marinas y las terrestres. Las
especies de este orden son únicas. Están
cubiertas por una coraza que consta
de un caparazón dorsal y un plastrón
ventral, también llamado peto. La coraza
está tan integrada que en ella quedaron incluidas las
vértebras torácicas y las costillas. Dado que esa coraza
rígida no permite a las tortugas expandir el pecho para
respirar, estos animales utilizan los músculos abdominales y pectorales a modo de diafragma.

TORTUGA MEDITERRÁNEA
Testudo hermanni

300 SON LAS ESPECIES DE TORTUGAS QUE EXISTEN

PULMONES
Al tener las costillas fusionadas con
el caparazón, las tortugas no pueden
moverlas para inspirar. Para hacerlo,
producen el bombeo con los músculos
de la parte superior de las patas.

ESQUELETO
Osificado casi en
su totalidad (no es
cartilaginoso).

TORTUGA BLANCA
Dermatemys mawii

Lagartos

Entre los saurios, los lagartos representan el grupo más numeroso. Viven en todos los climas del mundo, salvo en las zonas muy frías porque no pueden regular su temperatura corporal. Existen lagartos terrestres, subterráneos, arborícolas e incluso semiacuáticos. Pueden caminar, trepar, excavar, correr, y algunos hasta planear. Los lagartos suelen tener la cabeza diferenciada, párpados móviles, una mandíbula inferior rígida, cuatro patas con cinco dedos, el cuerpo alargado cubierto de escamas y una cola larga. Algunos pueden desprenderse de su cola cuando se sienten amenazados.

GECO DIURNO
Phelsuma sp.

ASOMBROSO

Si un lagarto se deshace de su cola para escapar de un depredador, esta sigue moviéndose para engañar al atacante y hacerle creer que su presa aún se halla a su alcance.

DEDOS ADHESIVOS

RECURSO VITAL
Entre vértebra y vértebra hay unos planos de ruptura que les permiten separar la cola del cuerpo.

COLA AUTOTÓMICA
Algunos lagartos cambian la cola muchas veces en la vida. En situaciones de peligro, hasta llegan a desprenderse a voluntad de ella para huir y desconcertar a sus depredadores. Luego, se les regenera.

Camaleónidos

Habitan en África, especialmente en el sureste y en Madagascar. Viven en ambientes forestales, donde suben a los árboles gracias a su cola y sus dedos prensiles; son excelentes trepadores. Su famosa capacidad de cambiar de color se activa ante un peligro o al iniciar un cortejo.

Camuflaje

Representa una ventaja adaptativa. Al poder confundirse con su entorno vegetal, pasan inadvertidos tanto ante sus depredadores como ante sus presas.

OJOS TELESCÓPICOS

Gecónidos

Son saurios con aspecto de lagarto que habitan en regiones cálidas. Tienen las extremidades muy pequeñas (algunas especies ni siquiera tienen). Su cuerpo está cubierto con escamas muy lisas y brillantes.

CAMALEÓN DE MELLER
Chamaeleo melleri

PIEL
Tiene pigmentos en las células.

COLA
Se enrolla cuando es necesario.

DEDOS PRENSILES
Pueden rodear una rama y sujetarla con fuerza.

GARRA

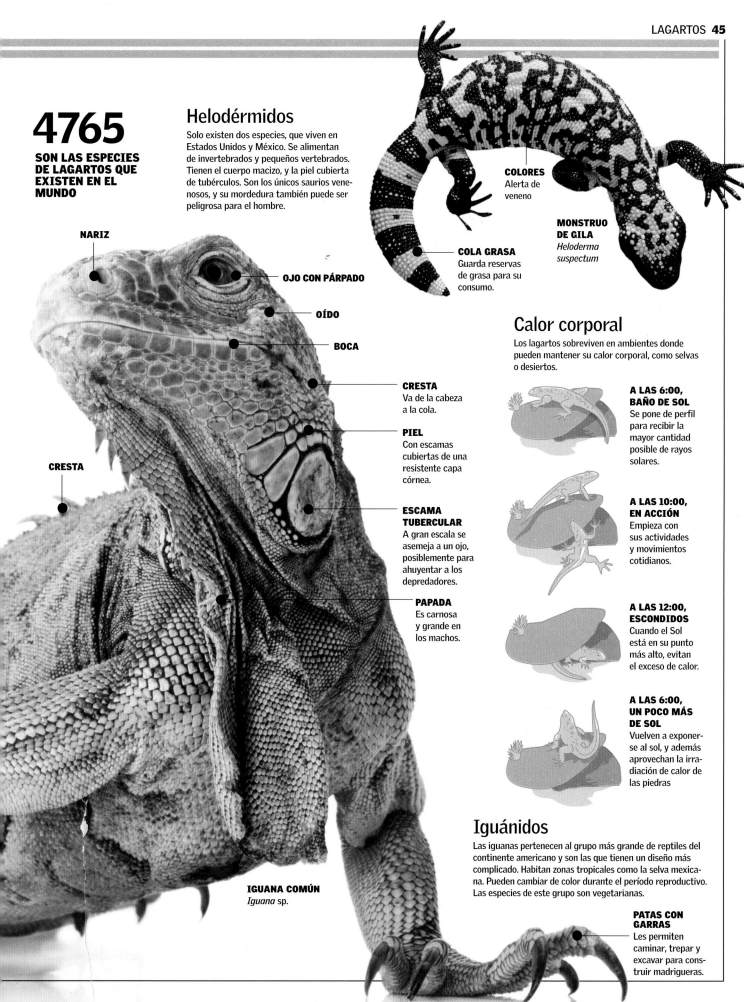

4765
SON LAS ESPECIES DE LAGARTOS QUE EXISTEN EN EL MUNDO

Helodérmidos
Solo existen dos especies, que viven en Estados Unidos y México. Se alimentan de invertebrados y pequeños vertebrados. Tienen el cuerpo macizo, y la piel cubierta de tubérculos. Son los únicos saurios venenosos, y su mordedura también puede ser peligrosa para el hombre.

COLORES
Alerta de veneno

MONSTRUO DE GILA
Heloderma suspectum

COLA GRASA
Guarda reservas de grasa para su consumo.

NARIZ

OJO CON PÁRPADO

OÍDO

BOCA

CRESTA
Va de la cabeza a la cola.

PIEL
Con escamas cubiertas de una resistente capa córnea.

ESCAMA TUBERCULAR
A gran escala se asemeja a un ojo, posiblemente para ahuyentar a los depredadores.

PAPADA
Es carnosa y grande en los machos.

CRESTA

IGUANA COMÚN
Iguana sp.

Calor corporal
Los lagartos sobreviven en ambientes donde pueden mantener su calor corporal, como selvas o desiertos.

A LAS 6:00, BAÑO DE SOL
Se pone de perfil para recibir la mayor cantidad posible de rayos solares.

A LAS 10:00, EN ACCIÓN
Empieza con sus actividades y movimientos cotidianos.

A LAS 12:00, ESCONDIDOS
Cuando el Sol está en su punto más alto, evitan el exceso de calor.

A LAS 6:00, UN POCO MÁS DE SOL
Vuelven a exponerse al sol, y además aprovechan la irradiación de calor de las piedras

Iguánidos
Las iguanas pertenecen al grupo más grande de reptiles del continente americano y son las que tienen un diseño más complicado. Habitan zonas tropicales como la selva mexicana. Pueden cambiar de color durante el período reproductivo. Las especies de este grupo son vegetarianas.

PATAS CON GARRAS
Les permiten caminar, trepar y excavar para construir madrigueras.

Venerados y temidos

Los cocodrilos, y sus parientes los aligátores, caimanes y gaviales, son animales muy antiguos. Pertenecen al mismo grupo que incluía a los dinosaurios y han cambiado muy poco en los últimos 65 millones de años. Pueden pasar mucho tiempo estáticos, tomando el sol o descansando en el agua, pero también pueden nadar, saltar y hasta correr muy rápido para atacar con fiereza y precisión. A pesar de su ferocidad, las hembras de cocodrilo cuidan a sus crías más que cualquier otro grupo vivo de reptiles.

MANDÍBULA
Los dientes de abajo no se ven con la boca cerrada.

ESCAMAS
Aplanadas en la cola.

GAVIAL
Gavialis gangeticus

HÁBITAT	Agua dulce
TIPOS	1 sola forma
FEROCIDAD	Inofensivos

4–7 m (13–23 pies)

Gavial

Es el más extraño de todos los cocodrilos, y va barriendo el agua con su hocico largo y estrecho con dientes pequeños y afilados: engranados y curvados hacia fuera, son perfectos para capturar peces resbaladizos. Los machos adultos ahuyentan a sus rivales con un poderoso zumbido que hacen expulsando el aire a través de una protuberancia que tienen en la nariz.

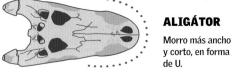

GAVIAL
Hocico largo y estrecho, con dientes frontales largos.

COCODRILO
Hocico más estrecho que el del aligátor y en forma de V.

ALIGÁTOR
Morro más ancho y corto, en forma de U.

HOCICO
Nariz larga y angosta.

DENTADURA
Los dientes frontales son más largos.

1 Se impulsa con las cuatro extremidades.

El movimiento de arranque lo realizan las patas delanteras.

2 Patas suspendidas.

Luego, se accionan las patas traseras.

3 Reinicia el ciclo.

La cola se eleva para evitar que haga de freno.

15 km/h
(9 millas/h)

ES LA VELOCIDAD QUE ALCANZA UN COCODRILO CORRIENDO

GARRAS

ESCAMAS

ARTICULACIÓN

ALIGÁTOR
Alligatoridae

HÁBITAT	Agua dulce
TIPOS	Ocho
ALIMENTACIÓN	Insectos, mamíferos, aves

3-6 m (10-20 pies)

Aligátores y caimanes

Los aligátores y los caimanes están casi completamente restringidos al agua dulce. Construyen sus nidos amontonando hierba, tierra y hojas y allí depositan unos huevos de cáscara dura. La hembra suele permanecer cerca del nido para evitar incursiones de presuntos ladrones. Aunque tiene un aspecto torpe, el aligátor maneja sus mandíbulas con precisión. A veces la hembra ayuda a la eclosión de sus huevos metiéndoselos en la boca para hacerlos rodar con la lengua contra el paladar hasta que los casca.

COCODRILO DEL NILO
Crocodylos niloticus

HÁBITAT	Agua dulce y salada
TIPOS	Uno
LONGEVIDAD	70 años

5-6 m (16-20 pies)

Cómo se mueven

Aunque lo que les resulta más cómodo es evolucionar por el agua o arrastrarse por tierra, si se sienten amenazados los cocodrilos pueden correr distancias cortas. Si lo hacen con el cuerpo sostenido por las rodillas y los codos ligeramente flexionados pueden alcanzar velocidades de 15 km/h (9 millas/h), e incluso superiores cuando se deslizan por el fango.

30°

POSTURA

Semiagachada. Las rodillas y los codos están ligeramente doblados.

NADO

Impulsándose con la cola se desplaza ágilmente en el agua.

DENTADURA
64 a 68 piezas. El cuarto diente de la mandíbula inferior sobresale de la boca cerrada.

Cocodrilo

Es un reptil de cuatro patas parecido a un lagarto, pero mucho más grande y feroz. En la espalda, desde el cuello hasta la cola, los cocodrilos tienen hileras de placas óseas que parecen espinas o dientes. Pueden estar mucho tiempo en el agua y pueden tragar sumergidos sin ahogarse. Anidan en agujeros que hacen en la arena de la playa. El cocodrilo de Johnston, del norte de Australia, es capaz de galopar hacia el agua levantando del suelo las cuatro patas.

Estructura interna

L as serpientes son reptiles escamosos de cuerpo alargado y sin patas. Unas son venenosas, otras no. Como todos los reptiles, poseen espina dorsal y un esqueleto estructurado por un sistema de vértebras. Las diferencias anatómicas entre especies hablan del lugar que habitan y de su dieta: las trepadoras son largas y delgadas, las excavadoras, más cortas y gruesas, y las marinas tienen la cola aplanada porque les hace de aleta.

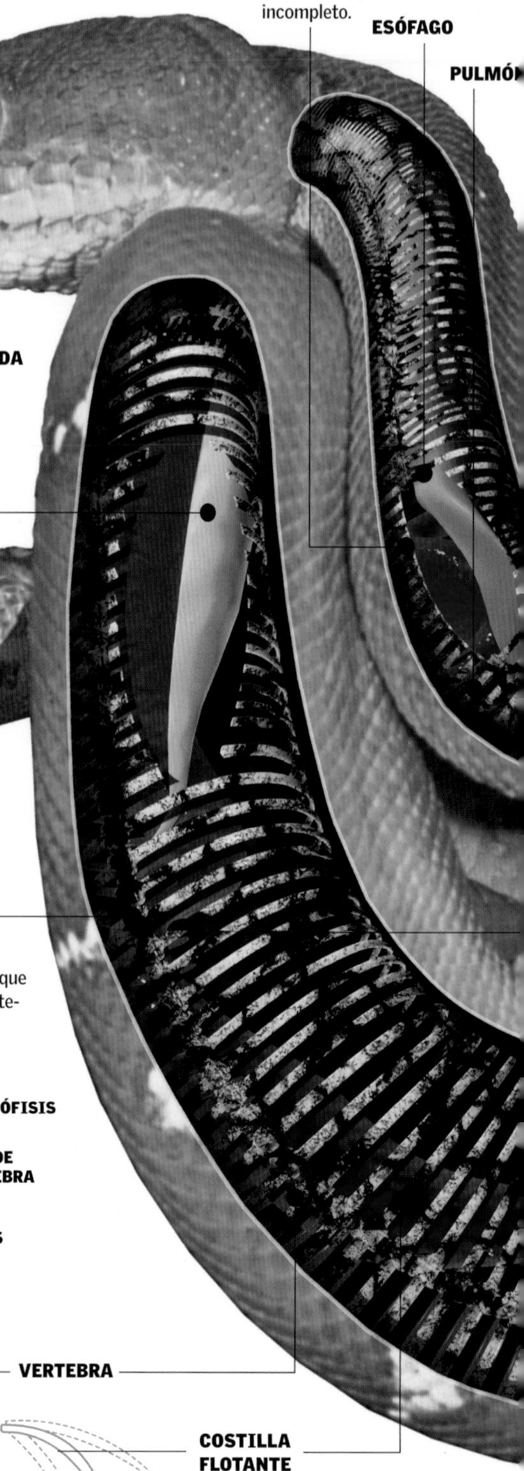

SANGRE FRÍA
Su temperatura varía según la ambiental. No generan calor interno.

CORAZÓN
El ventrículo tiene el tabique incompleto.

ESÓFAGO

PULMÓN

BOA ESMERALDA
Corallus caninus

INTESTINO GRUESO

RAMA DE ÁRBOL
Las boas pueden cambiar de color imitándolas.

Primitivas

Boas y pitones fueron las primeras especies de serpientes en aparecer en la Tierra. De hecho, muchas poseen uñas o espolones como vestigio de antiguas extremidades de sus ancestros. No son venenosas, pero sí las más grandes y fuertes. Viven en árboles y algunas especies, como la anaconda, que es una boa sudamericana, en ríos.

10 m
(33 pies)
LONGITUD DE LA PITÓN

COLUMNA VERTEBRAL
Se compone de vértebras ensambladas articuladas entre sí, con prolongaciones que protegen los nervios y las arterias. El sistema las hace extremadamente flexibles.

VÉRTEBRAS

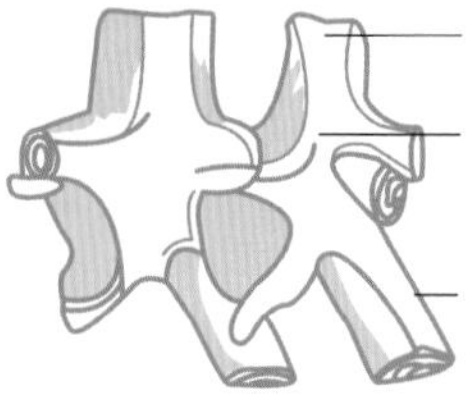

NEUROAPÓFISIS

CUERPO DE LA VÉRTEBRA

APÓFISIS HEMAL

PITÓN
Antaresia maculosa
Habita las selvas de Australia.

COSTILLAS FLOTANTES
Permiten que el cuerpo se ensanche.

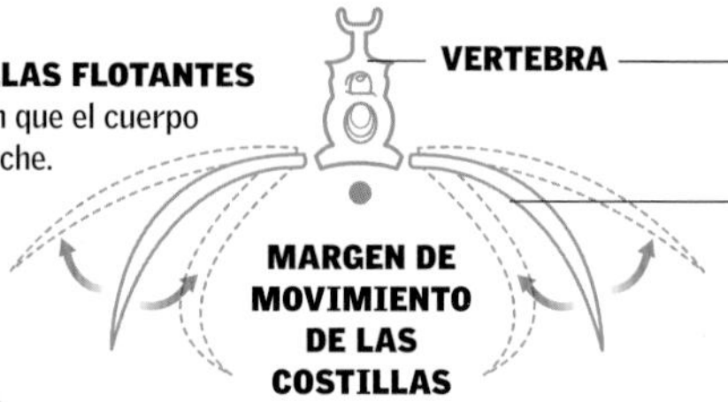

VERTEBRA

COSTILLA FLOTANTE

MARGEN DE MOVIMIENTO DE LAS COSTILLAS

400 vértebras PUEDE TENER UNA SERPIENTE

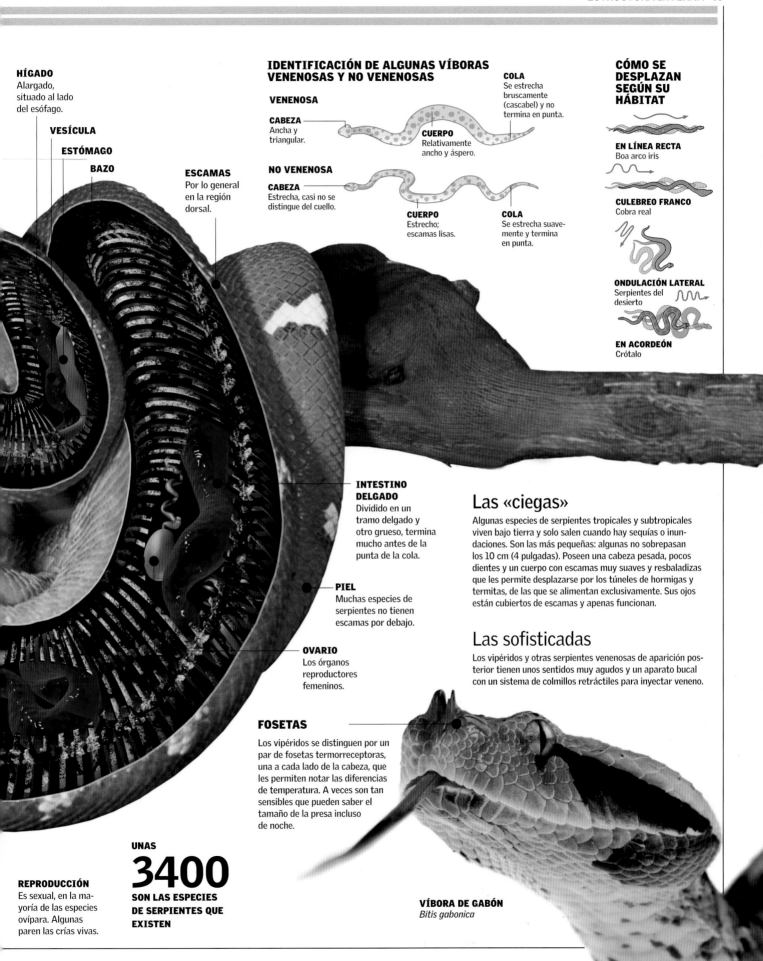

HÍGADO
Alargado, situado al lado del esófago.

VESÍCULA

ESTÓMAGO

BAZO

ESCAMAS
Por lo general en la región dorsal.

IDENTIFICACIÓN DE ALGUNAS VÍBORAS VENENOSAS Y NO VENENOSAS

VENENOSA

CABEZA
Ancha y triangular.

CUERPO
Relativamente ancho y áspero.

COLA
Se estrecha bruscamente (cascabel) y no termina en punta.

NO VENENOSA

CABEZA
Estrecha, casi no se distingue del cuello.

CUERPO
Estrecho; escamas lisas.

COLA
Se estrecha suavemente y termina en punta.

CÓMO SE DESPLAZAN SEGÚN SU HÁBITAT

EN LÍNEA RECTA
Boa arco iris

CULEBREO FRANCO
Cobra real

ONDULACIÓN LATERAL
Serpientes del desierto

EN ACORDEÓN
Crótalo

INTESTINO DELGADO
Dividido en un tramo delgado y otro grueso, termina mucho antes de la punta de la cola.

PIEL
Muchas especies de serpientes no tienen escamas por debajo.

OVARIO
Los órganos reproductores femeninos.

FOSETAS
Los vipéridos se distinguen por un par de fosetas termorreceptoras, una a cada lado de la cabeza, que les permiten notar las diferencias de temperatura. A veces son tan sensibles que pueden saber el tamaño de la presa incluso de noche.

Las «ciegas»

Algunas especies de serpientes tropicales y subtropicales viven bajo tierra y solo salen cuando hay sequías o inundaciones. Son las más pequeñas: algunas no sobrepasan los 10 cm (4 pulgadas). Poseen una cabeza pesada, pocos dientes y un cuerpo con escamas muy suaves y resbaladizas que les permite desplazarse por los túneles de hormigas y termitas, de las que se alimentan exclusivamente. Sus ojos están cubiertos de escamas y apenas funcionan.

Las sofisticadas

Los vipéridos y otras serpientes venenosas de aparición posterior tienen unos sentidos muy agudos y un aparato bucal con un sistema de colmillos retráctiles para inyectar veneno.

VÍBORA DE GABÓN
Bitis gabonica

REPRODUCCIÓN
Es sexual, en la mayoría de las especies ovípara. Algunas paren las crías vivas.

UNAS
3400
SON LAS ESPECIES DE SERPIENTES QUE EXISTEN

Características de los peces

Casi todos los peces, con raras excepciones, comparten unas características concretas. Son animales acuáticos, diseñados para vivir debajo del agua. Tienen mandíbula y unos ojos sin párpados, son de sangre fría, respiran por branquias y son vertebrados, es decir, tienen espina dorsal. Habitan tanto los mares, desde el Ecuador hasta los polos, como los cursos y espejos de agua dulce, y algunos migran, pero muy pocos pueden pasar de un medio a otro. Las aletas les permiten nadar y moverse en diferentes direcciones. Hay animales marinos, como los delfines, las focas y las ballenas, que a veces se confunden con los peces, pero en realidad son mamíferos.

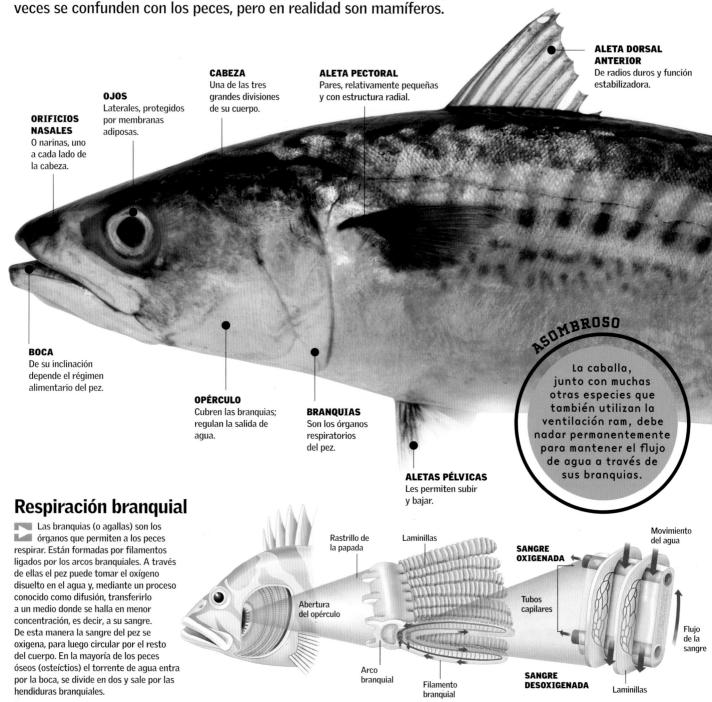

ORIFICIOS NASALES
O narinas, uno a cada lado de la cabeza.

OJOS
Laterales, protegidos por membranas adiposas.

CABEZA
Una de las tres grandes divisiones de su cuerpo.

ALETA PECTORAL
Pares, relativamente pequeñas y con estructura radial.

ALETA DORSAL ANTERIOR
De radios duros y función estabilizadora.

BOCA
De su inclinación depende el régimen alimentario del pez.

OPÉRCULO
Cubren las branquias; regulan la salida de agua.

BRANQUIAS
Son los órganos respiratorios del pez.

ALETAS PÉLVICAS
Les permiten subir y bajar.

ASOMBROSO
La caballa, junto con muchas otras especies que también utilizan la ventilación ram, debe nadar permanentemente para mantener el flujo de agua a través de sus branquias.

Respiración branquial

Las branquias (o agallas) son los órganos que permiten a los peces respirar. Están formadas por filamentos ligados por los arcos branquiales. A través de ellas el pez puede tomar el oxígeno disuelto en el agua y, mediante un proceso conocido como difusión, transferirlo a un medio donde se halla en menor concentración, es decir, a su sangre. De esta manera la sangre del pez se oxigena, para luego circular por el resto del cuerpo. En la mayoría de los peces óseos (osteíctios) el torrente de agua entra por la boca, se divide en dos y sale por las hendiduras branquiales.

Rastrillo de la papada

Laminillas

SANGRE OXIGENADA

Movimiento del agua

Tubos capilares

Abertura del opérculo

Arco branquial

Filamento branquial

SANGRE DESOXIGENADA

Laminillas

Flujo de la sangre

Casi fósiles

Los sarcopterigios son peces óseos arcaicos de aletas carnosas. Entre ellos están los primeros animales con pulmones. Quedan muy pocas especies vivas.

CELACANTO

Latimeria chalumnae
Se creía extinguido desde hacía millones de años hasta que en 1938 se vio uno vivo en Sudáfrica, y luego otros.

Sin mandíbula

De los antiguos agnatos, considerados los primeros vertebrados vivos, solo quedan lampreas y mixines.

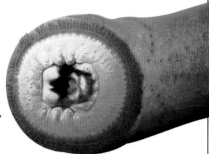

LAMPREA MARINA

Lampetra sp.
Con su boca circular dentada, chupa sangre a peces de otras especies. También hay lampreas de agua dulce.

Solo cartílago

El esqueleto de los peces cartilaginosos, como las rayas y los tiburones, es sumamente flexible y no está calcificado, o lo está muy poco.

RAYA DE ESPEJOS

Raja miraletus
Con sus grandes aletas se envía a la boca agua cargada de plancton y peces pequeños. Es muy rápida.

ESCAMAS

Están solapadas (superpuestas)

ALETA DORSAL POSTERIOR

A lo largo de la cola, es de estructura blanda.

LÍNEA LATERAL

Los peces tienen órganos sensoriales a lo largo de esta línea.

Con espinas

La clase más numerosa de peces es la de los osteictios, cuyo esqueleto presenta cierto grado de calcificación.

CABALLA

Scomber scombrus
No tiene dientes, habita en mares templados y su carne es muy sabrosa. Puede vivir más de diez años.

ALETA ANAL

También blanda y con una hilera de aletillas.

MÚSCULO DE COLA

Es el más fuerte del cuerpo del pez.

ALETA CAUDAL

Se mueve de lado a lado para propulsar al pez.

EN ACCIÓN

El agua entra por la boca y va hacia las branquias. Cuando estas han tomado el oxígeno, sale por las hendiduras branquiales.

OPÉRCULOS

Abren y cierran los orificios por donde sale el agua.

Agua — **BOCA ABIERTA**
— Faringe
— Branquias
Esófago — **OPÉRCULO CERRADO**

Agua — **BOCA CERRADA**
— **OPÉRCULO ABIERTO**

UNAS
28 000
SON LAS ESPECIES CONOCIDAS DE PECES: PRÁCTICAMENTE LA MITAD DE LOS CORDADOS

Nadar: todo un arte

Cuando nada, el pez se mueve en tres dimensiones: hacia delante y hacia atrás, de izquierda a derecha y de arriba abajo. Sus principales superficies de control para maniobrar son las aletas, incluida la cola, que es la aleta caudal. Para cambiar de dirección, el pez ladea las superficies de control formando un ángulo con la corriente del agua. El animal también tiene que mantener el equilibrio dentro del agua, objetivo que cumple moviendo las aletas pares e impares.

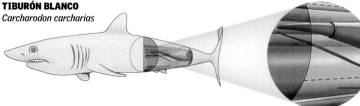

PEZ GATO ACOSTADO
Synodontis nigriventris
Este pez nada así para aprovechar fuentes de alimento menos accesibles para otras especies.

LOS MÚSCULOS

En la cola cuenta con poderosos músculos que la mueven como un remo.

TIBURÓN BLANCO
Carcharodon carcharias

MÚSCULOS ROJOS
Son para movimientos lentos o regulares.

MÚSCULOS BLANCOS,
Más grandes, sirven para ganar velocidad, pero se cansan fácilmente.

➊ Inicio

El movimiento de los peces en el agua es como el de una serpiente que repta. Realizan una serie de curvas en forma de S, movimientos ondulantes que recorren el cuerpo. El proceso empieza cuando el animal ladea levemente la cabeza hacia ambos lados.

La cresta de la ondulación del cuerpo se va desplazando de atrás hacia delante.

En su movimiento lateral, la cola desplaza el agua.

Al inicio, la cola está a la altura de la cabeza.

Forma hidrodinámica

Como ocurre con la quilla de los barcos, son esenciales el contorno redondeado y el mayor volumen de la parte anterior del cuerpo. Al avanzar, eso genera una menor densidad de agua delante que detrás, y por lo tanto una menor resistencia al agua.

La cabeza va de un lado al otro.

LA QUILLA DEL PEZ

La pesada quilla de los barcos queda en la parte inferior para evitar que se den la vuelta. Los peces, por el contrario, la llevan arriba. Si las aletas pares dejan de funcionar para mantenerlo en equilibrio, el pez se da la vuelta porque su parte más pesada tiende a bajar, como sucede cuando mueren.

QUILLA

PEZ VIVO   **PEZ MUERTO**

EL MÁS VELOZ

La aleta caudal, muy poderosa, le permite desplazar mucha agua.

PEZ VELA
Istiophorus platypterus

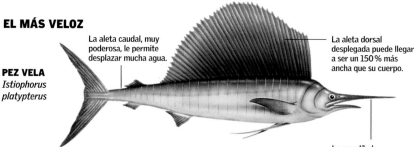

La aleta dorsal desplegada puede llegar a ser un 150 % más ancha que su cuerpo.

La mandíbula superior prolongada le permite hender las aguas y favorece su hidrodinámica.

109 km/h (70 millas/h)
LA VELOCIDAD MÁXIMA QUE ALCANZA

Avance

Se logra con el movimiento sincronizado en S de los músculos que rodean la columna vertebral. En general se mueven solo hacia los lados, alternadamente. Los peces que tienen grandes aletas pectorales las utilizan como remos para ganar impulso.

La cola se mueve como si fuera un remo y es el elemento fundamental para la propulsión.

LA ALETA DORSAL
Mantiene la posición vertical.

ALETAS PECTORALES
Mantienen el equilibrio y a veces actúan como frenos.

ALETAS VENTRALES
Estabilizan el balanceo.

Equilibrio

Cuando el pez avanza lentamente o queda inmóvil en el agua, se pueden observar pequeños movimientos de las aletas destinados a mantener el cuerpo en equilibrio.

Subir y bajar

Según el ángulo en que el pez mantiene las aletas pares en relación con el cuerpo, sube o baja en el agua. Las aletas pares, ubicadas por delante del centro de gravedad, son las que intervienen en los movimientos de ascenso y descenso.

ASCENSO

ALETAS PARES

DESCENSO

2 Fuerza

Los músculos ubicados a ambos lados de la columna vertebral, en especial los de la cola, se contraen en forma sucesiva y alternada. Estas contracciones son las que sostienen el movimiento ondulante que impulsa al pez hacia delante. La cresta ondulatoria alcanza las aletas pélvicas y dorsales.

Luego pasa por las primeras aletas dorsales.

Cuando la cresta llega a la zona de entre las dos aletas dorsales, la aleta caudal empieza a empujar hacia la derecha.

3 Ciclo completo

Cuando la cola regresa al otro lado y alcanza el extremo derecho, la cabeza vuelve hacia ese lado para iniciar un nuevo ciclo.

1 segundo

ES LO QUE TARDA UN CICLO DE LA SECUENCIA DE AVANCE DE ESTE TIBURÓN

El impulso resultante se da hacia el frente.

PINTARROJA
Scyliorhinus sp.

4 km³
(1 milla cu)

ES EL VOLUMEN QUE PUEDE OCUPAR UN CARDUMEN DE ARENQUES.

CARDUMEN
Es un conjunto de peces, generalmente de la misma especie, que nadan en grupo, coordinadamente y cada uno con un papel concreto..

Nadar en grupo

 Solo los peces óseos pueden nadar en grupo de forma muy coordinada. Un cardumen o banco está formado por miles de individuos cuyo movimiento armonioso parece ser obra de un solo individuo. Logran la coordinación mediante la vista, el oído y el sistema de línea lateral. Nadar en grupo tiene sus ventajas: es más difícil ser presa de un depredador y más fácil encontrar compañeros y comida.

ASOMBROSO

La tecnología de la imagen, llamada Ocean Acoustic Waveguide Remote Sensing, ha detectado bancos de cientos de millones de arenque del Atlántico.

Los del exterior, guiados por los del centro, son los encargados de la seguridad del grupo.

Los peces del centro controlan el cardumen.

Arma mortal

Uno de los grandes depredadores del océano es el tiburón blanco, fácilmente identificable por su distintiva y hermosa coloración, sus ojos negros y sus feroces dientes y mandíbulas. Muchos biólogos creen que sus ataques a personas se deben a la curiosidad del animal, que suele sacar la cabeza del agua y explorar las cosas mordiéndolas. Pero eso resulta peligroso debido a lo afilados que son sus dientes y a la fuerza de su mandíbula. A los tiburones blancos se les atribuyen el mayor número de ataques mortales a personas, casi siempre surfistas y buzos.

Los sentidos

Los tiburones poseen unos sentidos de los que carecen la mayoría de los animales: las ampollas de Lorenzini son unas pequeñas hendiduras que tienen en la cabeza y detectan electricidad. Este sentido les sirve para encontrar presas escondidas en la arena. Con la línea lateral detectan movimiento o «sonido» bajo el agua. El olfato es su sentido más avanzado, ya que ocupa dos tercios de su cerebro. Tienen además un oído muy desarrollado: los tiburones captan sonidos de muy baja frecuencia.

FOSAS NASALES

OJOS
La visión es pobre. Para cazar se orientan a través del olfato.

MANDÍBULA
A la hora del ataque, avanza hacia delante.

ZONAS DE ATAQUE 1876–2013

26 MEDITERRÁNEO

101 COSTA OESTE DE ESTADOS UNIDOS

1 RUSIA

2 JAPÓN

1 COREA DEL SUR

7 COSTA ESTE DE ESTADOS UNIDOS

1 HAWÁI, ESTADOS UNIDOS

1 MÉXICO

1 ISLAS CARIBEÑAS

3 AMÉRICA DEL SUR

59 SUDÁFRICA

64 AUSTRALIA

11 NUEVA ZELANDA

280
INCLUIDOS 77 ATAQUES FATALES

OÍDO
Captan sonidos de muy baja frecuencia.

AMPOLLA DE LORENZINI
Detectan impulsos nerviosos.

LÍNEA LATERAL
Detecta movimientos o sonidos bajo el agua.

NARIZ
El sentido más desarrollado; ocupa dos tercios del cerebro.

RADAR ELÉCTRICO

TIBURÓN BLANCO
Carcharodon carcharias

HÁBITAT	Océanos
PESO	2000 kg (4400 libras)
LARGO	7 m (23 pies)
TIEMPO DE VIDA	30-40 años

ALETA CAUDAL
El tiburón blanco está dotado de una gran aleta caudal heterocerca.

ALETA PECTORAL
Muy desarrollada y vital para el avance.

ALETA DORSAL

ALETA ANAL

ALETA PÉLVICA

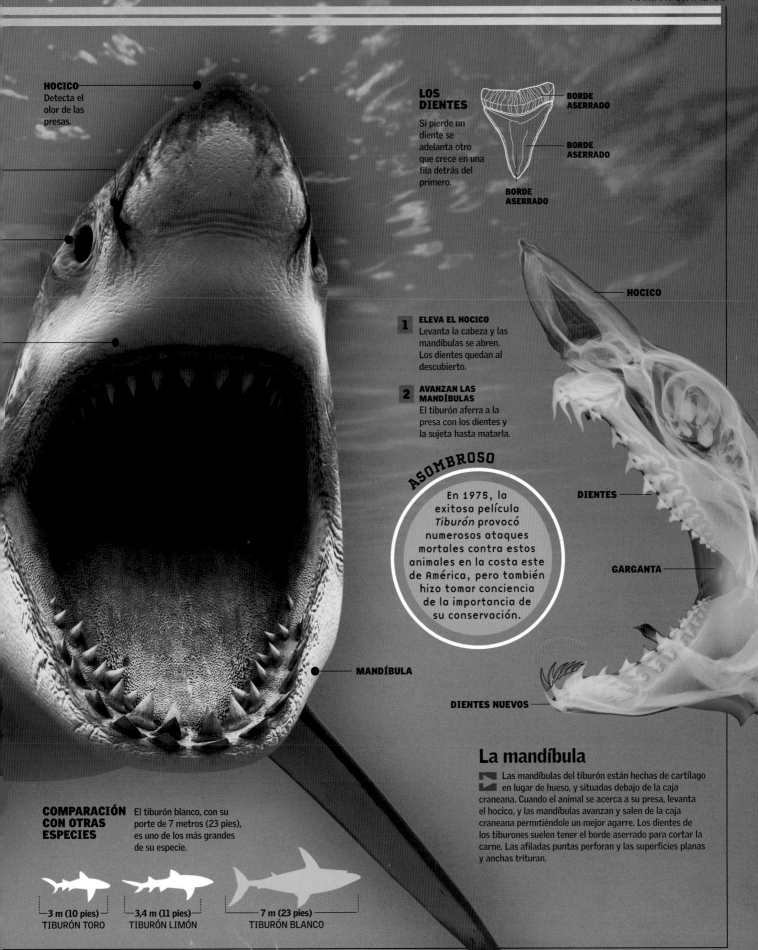

HOCICO
Detecta el olor de las presas.

LOS DIENTES
Si pierde un diente se adelanta otro que crece en una fila detrás del primero.

BORDE ASERRADO

BORDE ASERRADO

BORDE ASERRADO

HOCICO

1 ELEVA EL HOCICO
Levanta la cabeza y las mandíbulas se abren. Los dientes quedan al descubierto.

2 AVANZAN LAS MANDÍBULAS
El tiburón aferra a la presa con los dientes y la sujeta hasta matarla.

ASOMBROSO

En 1975, la exitosa película *Tiburón* provocó numerosos ataques mortales contra estos animales en la costa este de América, pero también hizo tomar conciencia de la importancia de su conservación.

DIENTES

GARGANTA

MANDÍBULA

DIENTES NUEVOS

La mandíbula

Las mandíbulas del tiburón están hechas de cartílago en lugar de hueso, y situadas debajo de la caja craneana. Cuando el animal se acerca a su presa, levanta el hocico, y las mandíbulas avanzan y salen de la caja craneana permitiéndole un mejor agarre. Los dientes de los tiburones suelen tener el borde aserrado para cortar la carne. Las afiladas puntas perforan y las superficies planas y anchas trituran.

COMPARACIÓN CON OTRAS ESPECIES
El tiburón blanco, con su porte de 7 metros (23 pies), es uno de los más grandes de su especie.

3 m (10 pies)
TIBURÓN TORO

3,4 m (11 pies)
TIBURÓN LIMÓN

7 m (23 pies)
TIBURÓN BLANCO

Regreso a casa

Después de unos cinco o seis años viviendo en el mar, el salmón rojo del Pacífico *(Oncorhynchus nerka)* vuelve al río que lo vio nacer para reproducirse. El viaje, que dura entre dos y tres meses, implica grandes riesgos y demanda mucha energía. Debe nadar a contracorriente, remontar cataratas y escapar de sus depredadores, osos y águilas. Una vez que alcanzan el río, la hembra deposita los huevos y el macho los fecunda. Esta especie de salmones, a diferencia de la del Atlántico, que repite el ciclo tres o cuatro veces, muere después de llevar a cabo el desove. Cuando los huevos eclosionan, se reinicia el ciclo.

ASIA ◼ ALASKA ◼ ESTADOS UNIDOS

La ruta

Existen seis especies de salmón del Pacífico y una del Atlántico. El salmón rojo *(Oncorhynchus nerka)* migra del océano Pacífico a los ríos de Estados Unidos y Canadá por un lado, y a los de Alaska y el oeste de Asia por otro.

1 Carrera agotadora

Abandonado el mar, los salmones remontan el río a contracorriente. En el camino, muchos son presas de osos.

Ni cataratas ni fuertes corrientes frenan a los salmones en su camino.

ASOMBROSO

Se estima que el viaje que el salmón adulto hace para retornar al río donde nació es de unos tres meses. El motivo de ese retorno es la reproducción.

6 Muerte

El salmón adulto muere a los pocos días de la freza, exhausto por el trabajo realizado. Los cuerpos se descomponen en la orilla.

5 Alevines

Solo eclosiona el 40 % de los huevos puestos cada otoño. Permanecen en el río hasta los dos años y luego emigran al mar.

Supervivencia

De los 7500 huevos que pueden poner dos hembras, solo dos ejemplares llegarán a completar el ciclo de vida de seis años. Esto se debe a que muchos huevos mueren sin eclosionar y a que luego los alevines son presa fácil de otros peces.

HUEVOS		7,500
ALEVINES		4,500
ALEVINES		650
ALEVINES		200
SALMONES		50
SALMONES ADULTOS		4
DESOVE DE HUEVOS		2

2 Río rojo

El salmón vuelve al luga donde nació para desovar. Los machos presentan una viva coloración y la cabeza verde.

Vistos desde arriba, los salmones parecen una gran mancha roja.

Ciclo de 6 años

ES EL TIEMPO QUE TRANSCURRE DESDE EL DESOVE HASTA LA ADULTEZ

5000
HUEVOS PUEDE PONER UNA HEMBRA

3 La pareja

Mientras las hembras se ocupan de hacer los nidos en la arena para depositar los huevos, los machos compiten por su pareja.

LOMO
La parte dorsal del cuerpo desarrolla una joroba.

COLOR
El salmón de lomo azul se vuelve rojo intenso.

BOCA
Durante la época de reproducción la mandíbula inferior de los machos se curva hacia arriba.

4 Desove

La hembra deposita entre 2500 y 5000 huevos en una serie de nidos. El macho los fecunda cuando caen entre las piedras.

Reyes de la oscuridad

as raras especies que habitan en profundidades de a partir de 2500 metros (8200 pies), donde apenas llega luz, se conocen como peces abisales. La vida en ese ambiente solo es posible gracias a que unas chimeneas hidrotérmicas que se abren en el fondo marino calientan las aguas. A pesar de esos calentadores naturales, en muchos lugares las temperaturas no superan los 2 °C (36°F). Los peces de las profundidades tienen una fisonomía bastante peculiar: cabezas muy grandes y dentaduras fuertes para comer otros peces, ya que no existe vegetación. Para atraer a sus presas, muchos cuentan con órganos señuelo formados por fotósferos que brillan en la oscuridad. Además, suelen ser negros o marrones para camuflarse mejor.

2500 m (8200 pies)
DE PROFUNDIDAD DE LAS AGUAS

PEZ VÍBORA
Chauliodus sloani
Entre 30 y 50 cm (12 y 20 pulgadas) de longitud. Es de azul oscuro o plateado. Habita mares templados y tropicales.

DIENTES AGUDOS Y AFILADOS
Con un fuerte impulso de succión, engulle a sus presas después de sujetarlas con sus enormes dientes.

LINTERNA
Como la mayor parte de los peces abisales, tiene un órgano señuelo.

OJOS PARA VER SIN LUZ

TAPETUM LUCIDUM
Refleja la luz como si fuera un espejo; cada rayo pasa dos veces sobre la retina, lo que duplica su sensibilidad.

RAYO DE LUZ

RETINA
Ciega a los rojos. Solo capta los azules, que se propagan mejor en el agua.

PEZ DE COLMILLOS LARGOS
Anoplogaster cornuta
Es un gran cazador. Su mandíbula, provista de dientes fuertes, sujeta a la presa hasta matarla.

CAULOPHRYNE JORDANI
De color marrón oscuro, brilla en la oscuridad gracias al órgano fotósfero que tiene en la cabeza.

FILAMENTOS
Cubren todo su cuerpo como protección.

BATHOPHILUS SP.
Se encuentra en la mayoría de las regiones tropicales del mundo. Tiene fotóforo a lo largo de los lados de su cuerpo.

BARBA
Brilla en la oscuridad.

LINTERNA
Produce una luz azulada, que tiene mayor alcance bajo el agua.

FUMAROLA
Son aberturas en la superficie de la tierra por donde salen agua geotermal y minerales. A medida que el agua se enfría, esos minerales se solidifican.

2°C
(36°F)
QUE ALCANZA EL AGUA CALENTADA POR LAS FUMAROLAS

TENTÁCULOS DE GUSANOS TUBÍCOLAS
No tienen boca ni tracto digestivo. En su interior, unas bacterias quimiosintéticas transforman los elementos del agua en moléculas orgánicas de las que se alimentan.

SEÑUELO LUMINOSO
Produce luz y atrae a la presa.

DIMENSIONES

Peso
300 g
(10½ onzas)

10 cm (4 pulgadas)

RAPE ABISAL
Melanocetus johnsonii
Mide 15 cm (6 pulgadas) de largo y tiene unas aletas pequeñas, insuficientes para maniobras rápidas.

PIEL
De color oscuro para resultar invisible a sus atacantes.

PRESIÓN HIDROSTÁTICA
Es el peso de la columna de agua. A medida que se desciende, la presión aumenta. En el fondo de las Marianas (la fosa marina más profunda del planeta) cada centímetro cuadrado soporta un peso de una tonelada y cuarto de agua.

1 m³ = 1000 kg
de agua (1,1 tons)
(1,3 yarda cu)

CUERPO
De color negro para pasar inadvertido ante sus depredadores.

DEMONIO RAMILLETE
Linophryne arborifera
Tiene un señuelo luminoso unido a la punta de la nariz y una barba ramificada que también produce luz para atraer presas. El macho es más pequeño que la hembra y vive como parásito de su compañera.

BARBA
Produce luz y atrae a la presa.

MANDÍBULA ASESINA
En las profundidades solo sobrevive el mejor cazador.

SEÑUELO LUMINOSO
Produce luz y sirve para atraer presas.

COLAS Y ALETAS
Equipadas con células luminiscentes.

PEZ BALÓN
Himantolophus groenlandicus
Las hembras llegan a medir 60 cm (24 pulgadas), pero los machos apenas alcanzan los 4 cm (1½ pulgadas) y viven como parásitos de su pareja.

Entre la tierra y el agua

Como su nombre indica (*amphi,* ambos, y *bios,* vida), los anfibios llevan una doble vida. Cuando son jóvenes viven en el agua, y al convertirse en adultos lo hacen fuera de ella. De todas formas, muchos deben permanecer cerca del agua o en lugares muy húmedos para no secarse. Esto se debe a que los anfibios también respiran por la piel, y solo la piel húmeda absorbe oxígeno. Los rasgos típicos de las ranas y sapos adultos incluyen un cuerpo sin cola, patas posteriores largas y unos ojos grandes, a menudo saltones.

Anatomía de un anfibio

La anatomía de un anfibio tiene ciertas particularidades. Las larvas —por ejemplo, los renacuajos— poseen un sistema respiratorio branquial, mientras que la mayoría de las especies, al llegar a adultas, desarrollan pulmones. También tienen tráquea, faringe y dos bronquios, aunque a veces respiran más por la piel que por los pulmones. El corazón de los anfibios tiene dos aurículas y un ventrículo, y su aparato digestivo y excretor es semejante al de los mamíferos.

La piel

Limpia y lisa, la piel de un anfibio no tiene vello ni escamas. Respiran a través de ella. Esa piel tiene una fuerte tendencia a secarse, y deben mantenerla siempre húmeda: aunque tienen glándulas mucosas que ayudan, deben vivir en lugares húmedos. La piel de la mayoría de los anfibios los protege además de posibles depredadores porque tiene glándulas venenosas que secretan sustancias desagradables, incluso tóxicas.

SACOS VOCALES

Sapos y ranas cantan. Aunque producen el sonido con las cuerdas vocales, en los machos se amplifica en unos sacos que tienen a los lados de la laringe, que se hinchan al llenarse de aire.

PATAS TRASERAS
Son musculosas, con pies palmeados: cinco largos dedos unidos por una membrana que ayuda al animal a nadar.

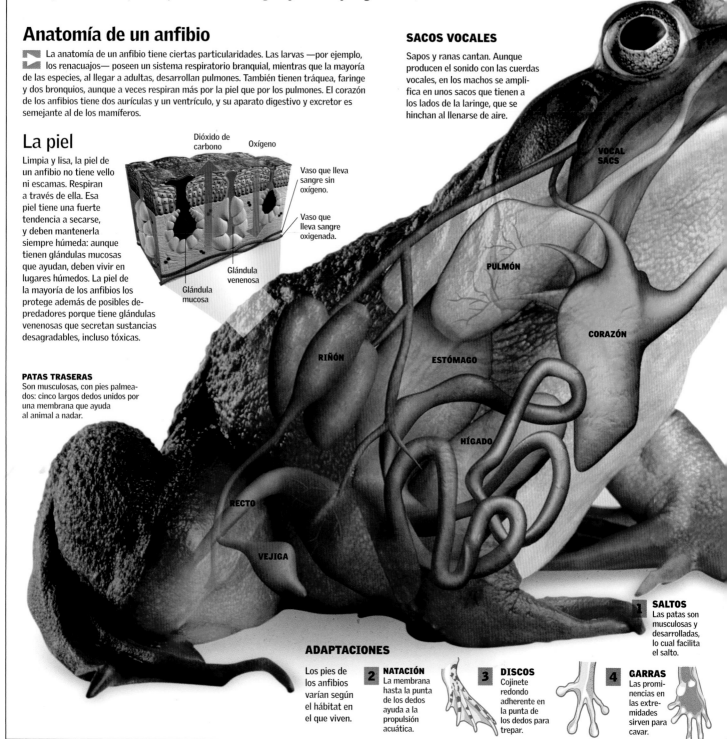

Dióxido de carbono
Oxígeno
Vaso que lleva sangre sin oxígeno.
Vaso que lleva sangre oxigenada.
Glándula venenosa
Glándula mucosa

VOCAL SACS
PULMÓN
CORAZÓN
RIÑÓN
ESTÓMAGO
HÍGADO
RECTO
VEJIGA

1 SALTOS
Las patas son musculosas y desarrolladas, lo cual facilita el salto.

ADAPTACIONES

Los pies de los anfibios varían según el hábitat en el que viven.

2 NATACIÓN
La membrana hasta la punta de los dedos ayuda a la propulsión acuática.

3 DISCOS
Cojinete redondo adherente en la punta de los dedos para trepar.

4 GARRAS
Las prominencias en las extremidades sirven para cavar.

Diferencias entre el sapo y la rana

Muchas veces se piensa que la rana es la hembra del sapo, pero no es así. Son animales distintos. Los sapos tienen la piel rugosa y las patas cortas, y son terrestres. Las ranas son más pequeñas, tienen las patas palmeadas y son acuáticas y arborícolas.

LA PIEL
Es suave y lisa, de colores vivos y brillantes

OJOS
Las ranas tienen las pupilas horizontales.

LOS OJOS
Por lo general la pupila es horizontal, aunque algunos la tienen vertical.

LA PIEL
Los sapos tienen la piel rugosa, dura, áspera y seca. Se utiliza como cuero.

SAPO COMÚN
Bufo bufo

HYPEROLIUS TUBERILINGUIS

ACTITUD CORPORAL
Los sapos son especies terrestres. Son más anchos que las ranas y de movimientos lentos. Las ranas viven en su mayoría en el agua, por lo que tienen una membrana entre los dedos adaptada al medio.

LAS PATAS
Son largas y están adaptadas para ejecutar saltos. Son palmeadas, adecuadas para nadar.

LAS PATAS
Son más cortas y anchas que las de las ranas y están preparadas para andar.

ATRAPA
Son animales engullidores: se introducen en la boca presas enteras.

TRAGA
Cuando cierran la boca, cierran también los ojos y los retraen apretando hacia abajo para ayudar a empujar la comida por el esófago.

Alimentación

Se basa en vegetales durante la fase larvaria, mientras que en el estado adulto la principal fuente de alimento son los artrópodos (como coleópteros y arácnidos) y otros invertebrados, como orugas de mariposa y gusanos de tierra.

Tipos de anfibios

Los anfibios se dividen en tres grupos que se distinguen por la cola y las patas: los tritones y salamandras tienen cola y pertenecen al orden de los Urodelos. Los sapos y las ranas, que solo la tienen en su etapa de renacuajos, pertenecen al grupo de los Anuros, y los cecílidos, que no tienen ni patas ni cola, parecen gusanos y pertenecen al grupo de los Ápodos.

1
ANUROS
Sin cola

RANITA DE SAN ANTONIO
Es dócil y vive cerca de edificios.

2
ÁPODOS
Sin patas

CULEBRITA TAPIERA
Siphonops annulatus
Parece un gusano grande y gordo.

Las patas

Ranas y sapos tienen cuatro dedos en las extremidades anteriores y cinco en las posteriores. Las especies de agua tienen membranas entre los dedos; las arbóreas, cojinetes en forma de disco adherente para agarrarse a superficies verticales; y las de madriguera, en las patas traseras, unas protuberancias callosas llamadas tubérculos para poder excavar.

3
URODELOS
Con cola

SALAMANDRA TIGRE
Ambystoma tigrinum
Una de las más coloridas de América.

Metamorfosis

El proceso de transformación que experimentan los anuros —y que también se observa en urodelos y cecilias— desde el huevo hasta su estado adulto se llama metamorfosis. Los anfibios salen del huevo en una forma larvaria. A partir de ese momento sufren drásticos cambios en su anatomía, dieta y estilo de vida, mutando lentamente desde el primer estadio, completamente acuático, hasta convertirse en animales adaptados a la vida en tierra.

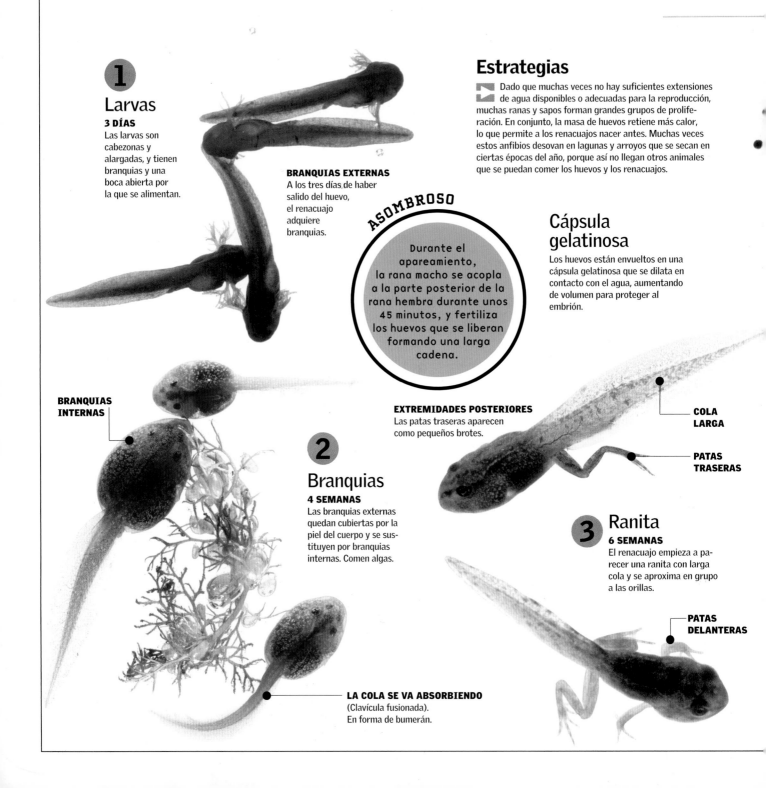

1 Larvas
3 DÍAS
Las larvas son cabezonas y alargadas, y tienen branquias y una boca abierta por la que se alimentan.

BRANQUIAS EXTERNAS
A los tres días de haber salido del huevo, el renacuajo adquiere branquias.

BRANQUIAS INTERNAS

2 Branquias
4 SEMANAS
Las branquias externas quedan cubiertas por la piel del cuerpo y se sustituyen por branquias internas. Comen algas.

LA COLA SE VA ABSORBIENDO
(Clavícula fusionada).
En forma de bumerán.

Estrategias
Dado que muchas veces no hay suficientes extensiones de agua disponibles o adecuadas para la reproducción, muchas ranas y sapos forman grandes grupos de proliferación. En conjunto, la masa de huevos retiene más calor, lo que permite a los renacuajos nacer antes. Muchas veces estos anfibios desovan en lagunas y arroyos que se secan en ciertas épocas del año, porque así no llegan otros animales que se puedan comer los huevos y los renacuajos.

ASOMBROSO
Durante el apareamiento, la rana macho se acopla a la parte posterior de la rana hembra durante unos 45 minutos, y fertiliza los huevos que se liberan formando una larga cadena.

Cápsula gelatinosa
Los huevos están envueltos en una cápsula gelatinosa que se dilata en contacto con el agua, aumentando de volumen para proteger al embrión.

EXTREMIDADES POSTERIORES
Las patas traseras aparecen como pequeños brotes.

COLA LARGA

PATAS TRASERAS

3 Ranita
6 SEMANAS
El renacuajo empieza a parecer una ranita con larga cola y se aproxima en grupo a las orillas.

PATAS DELANTERAS

Ciclo
METAMORFOSIS

El desarrollo de esta rana desde el huevo hasta la adultez tarda unas 16 semanas.

Mamá rana y sus huevecitos

Aunque el instinto de conservación de los anuros no está del todo desarrollado, en cierto modo las ranas y sapos sí cuidan de sus futuras crías. Al desovar en grandes cantidades se aseguran de que muchos renacuajos puedan escapar de los predadores que se comen los huevos. Y la cobertura gelatinosa los protege de otros. Algunas especies, como el sapo de Surinam, llegan incluso a ponerse los huevos a la espalda para protegerlos.

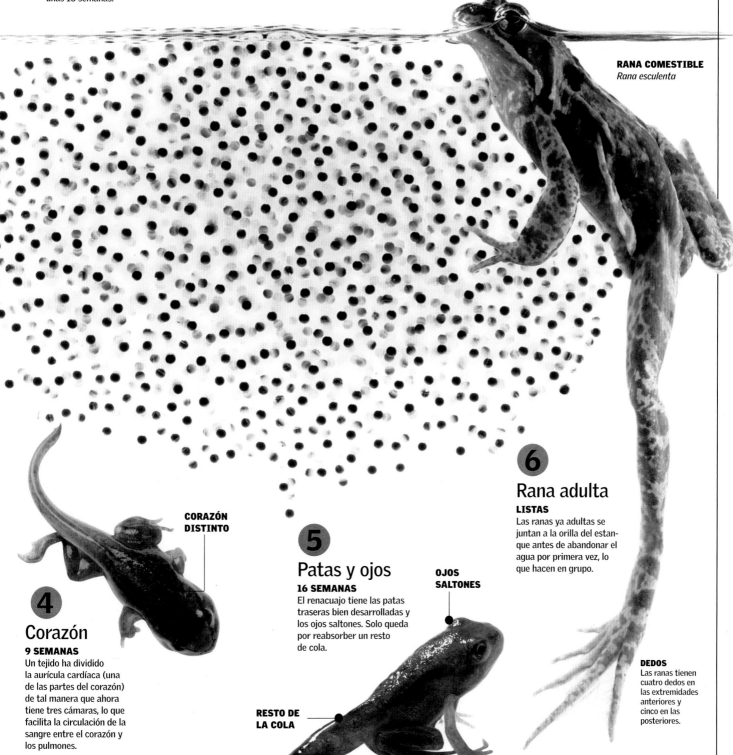

RANA COMESTIBLE
Rana esculenta

**CORAZÓN
DISTINTO**

6

Rana adulta
LISTAS
Las ranas ya adultas se juntan a la orilla del estanque antes de abandonar el agua por primera vez, lo que hacen en grupo.

5

Patas y ojos
16 SEMANAS
El renacuajo tiene las patas traseras bien desarrolladas y los ojos saltones. Solo queda por reabsorber un resto de cola.

**OJOS
SALTONES**

4

Corazón
9 SEMANAS
Un tejido ha dividido la aurícula cardíaca (una de las partes del corazón) de tal manera que ahora tiene tres cámaras, lo que facilita la circulación de la sangre entre el corazón y los pulmones.

**RESTO DE
LA COLA**

DEDOS
Las ranas tienen cuatro dedos en las extremidades anteriores y cinco en las posteriores.

Sin articulaciones

Blando, sumamente flexible y sin articulaciones, pero con una concha grande y muy dura: así es el cuerpo de la mayoría de los moluscos. Casi todos son marinos, pero también habitan en lagunas y ambientes terrestres. Todos los moluscos modernos presentan simetría bilateral, un cefalopié con los órganos sensoriales y locomotores, una masa visceral y un manto que la recubre y segrega la concha. Además, los moluscos tienen una estructura bucal muy particular llamada rádula.

INTESTINO

GÓNADA

GLÁNDULA DIGESTIVA

PULMÓN

Gasterópodos

Los distingue su gran «pie ventral», cuyos movimientos ondulatorios les sirven para desplazarse: son los caracoles y babosas de tierra, de mar y de agua dulce. Cuando tienen concha, es de una sola pieza y con forma basada en espiral, y la extrema flexibilidad del resto del cuerpo les permite plegarse totalmente dentro de ella. En la cabeza tienen ojos y uno o dos pares de tentáculos.

RIÑÓN   CORAZÓN

CIEGO   ESÓFAGO

ÓRGANO SEXUAL FEMENINO

PROSOBRANQUIOS

Esta subclase de moluscos está formada principalmente por especies marinas. Unas tienen la concha nacarada en su parte interna y otros carecen de nácar, aunque por dentro parecen de porcelana.

PULMONADOS

Son los caracoles y las babosas terrestres y de agua dulce. Un saco pulmonar les permite respirar el oxígeno de la atmósfera.

OPISTOBRANQUIOS

Son las babosas marinas, caracterizadas por tener la concha muy reducida o ausente.

TORSIÓN DEL CARACOL

En los caracoles, la torsión es un fenómeno muy particular que mueve la cavidad del manto desde la zona posterior hacia la región frontal del cuerpo. Los órganos viscerales rotan 180 grados, y el tubo digestivo y las conexiones nerviosas se cruzan en forma de ocho.

Branquia

Sistema nervioso

Tubo digestivo

GYMNOSOMATA
Candida sp.

Bivalvos

Son todos los moluscos cuya concha está dividida en dos valvas, articuladas gracias a un ligamento elástico que las abre, a los músculos aductores, que las cierran, y a la charnela, un sistema de dientes que permite el juego. Casi todos se alimentan de microorganismos. A veces se entierran en la arena mojada, excavando pequeñas galerías por donde entra el agua que los provee de alimento. Miden desde pocos milímetros hasta más de un metro.

VIEIRA
Pecten jacobaeus

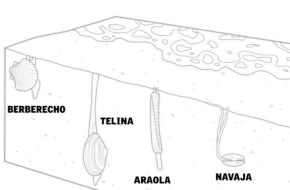

BERBERECHO

TELINA

ARAOLA

NAVAJA

LAMELIBRANQUIOS

Son la gran mayoría de los bivalvos. Respiran y se alimentan mediante branquias. No tienen cabeza, ojos ni extremidades diferenciados. Pueden alcanzar los 13 cm (5 pulgadas) de ancho y descansan en el fondo del mar.

MEJILLÓN
Perna viridis

PROTOBRANQUIOS

Clase que incluye bivalvos que tienen dividida la parte inferior del pie, llamada suela, y que usan las branquias solo para respirar. Pertenecen a esta subclase unos pequeños bivalvos de 13 mm (½ pulgada) de ancho llamados núculas (*Nucula nitidosa*).

CARACOL COMÚN DE JARDÍN
Helix aspersa

Bajo la arena

En la arena viven enterrados muchos moluscos para ocultarse de sus depredadores y resguardarse del efecto de las olas, el viento y los cambios bruscos de temperatura.

100 000

SON LAS ESPECIES EXISTENTES DE MOLUSCOS, Y OTRAS TANTAS LAS EXTINGUIDAS

RÁDULA

Cefalópodos

Las sepias, pulpos, calamares y nautilos se llaman cefalópodos porque las extremidades, los tentáculos, les salen de la cabeza. Son predadores adaptados a la vida marina y poseen un sistema nervioso, sensorial y locomotor bastante complejo. Los tentáculos parten de alrededor de la boca, equipada con una rádula y un fuerte pico. Miden desde un centímetro hasta varios metros.

NAUTILO
Nautilus sp.

COLEOIDEOS

Tienen una concha interna reducida, incluso ausente, y solo dos branquias. A este grupo pertenecen todos los cefalópodos actuales excepto el nautilo. Entre ellos están los pulpos, las sepias y los calamares.

NAUTILOIDEOS

Poblaron los mares del Paleozoico y el Mesozoico, pero solo sobrevive un género, el de los nautilos. Tienen concha externa, cuatro branquias y diez tentáculos. Su concha es calcárea, enrollada en espiral, y se divide en cámaras.

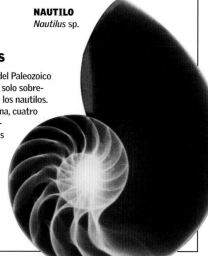

SEPIA
Sepia officinalis

Armadura vistosa

Aunque habitan en todos los ambientes, los crustáceos se identifican sobre todo con el medio acuático. Es allí donde se transformaron en los artrópodos con mayor éxito evolutivo. Su cuerpo se divide en tres partes: el cefalotórax, con antenas y fuertes mandíbulas; el abdomen o pleon; y la parte posterior, el telson. Algunos crustáceos son muy pequeños: las pulgas de agua, por ejemplo, no miden más de 0,25 mm ($^1/_{100}$ pulgadas). El cangrejo gigante japonés, en cambio, con las patas extendidas mide más de 3 m (9 pies). Se diferencian de los artrópodos mandibulados terrestres, como los insectos, por poseer patas en el abdomen además de en el tórax, y por tener dos pares de antenas.

BICHO BOLITA

Armadillidium vulgare
Del orden de los Isópodos, es uno de los pocos crustáceos terrestres y probablemente el que mejor se ha adaptado a la vida fuera del agua. Cuando se siente amenazado, se enrolla sobre sí mismo, dejando expuesto solo su exoesqueleto. Aunque puede reproducirse y desarrollarse lejos del agua, respira por branquias, que tiene alojadas en sus apéndices abdominales; por eso debe mantener en ellos cierto nivel de humedad. Así suele buscar ambientes oscuros y húmedos, por ejemplo, debajo de piedras, hojarasca y troncos de árboles caídos.

Animal desplegado

EXOESQUELETO
Dividido en partes independientes.

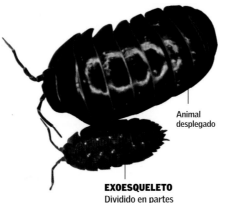

Antenas

Cabeza

SEGMENTOS
Los de atrás son más pequeños y al plegarse lo encierran por completo.

PATAS
Esta especie posee siete pares.

Ano

Animal replegado

COLONIA DE PERCEBES

Unidos para siempre

Al nacer, los percebes (*Pollicipes cornucopia*) son larvas microscópicas que se desplazan en el mar hasta llegar a una roca costera. Luego se adhieren a ella mediante un pedúnculo, que desarrollan por modificación de sus antenas, y van formando un caparazón. Una vez instalados, se quedan toda su vida y van absorbiendo comida del agua. Son comestibles.

Malacostráceos

Es el nombre de la clase de crustáceos que agrupa a los cangrejos con las langostas de mar, las quisquillas, los bichos bolita y las pulgas de mar. El término proviene del griego y significa «de concha blanda». Los cangrejos de mar y de río son decápodos: tienen diez patas, un par de ellas modificadas en forma de pinzas. Son omnívoros y se han adaptado a una gran cantidad de ambientes. La cantidad de segmentos de su exoesqueleto puede variar desde 16 como mínimo hasta más de 60.

APÉNDICES
Consisten en una región basal de la que salen dos ramas segmentadas, una interna (endopodito) y otra externa (exopodito).

PERCEBES SIN EL CAPARAZÓN

20 kg
(45 libras)

PUEDE PESAR EL CANGREJO GIGANTE JAPONÉS

SECCIÓN DE UN PERCEBE

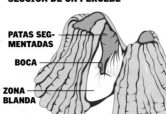

PATAS SEGMENTADAS

BOCA

ZONA BLANDA

CAPARAZÓN

PATAS EXTENDIDAS PARA ATRAPAR EL ALIMENTO

CAPARAZÓN

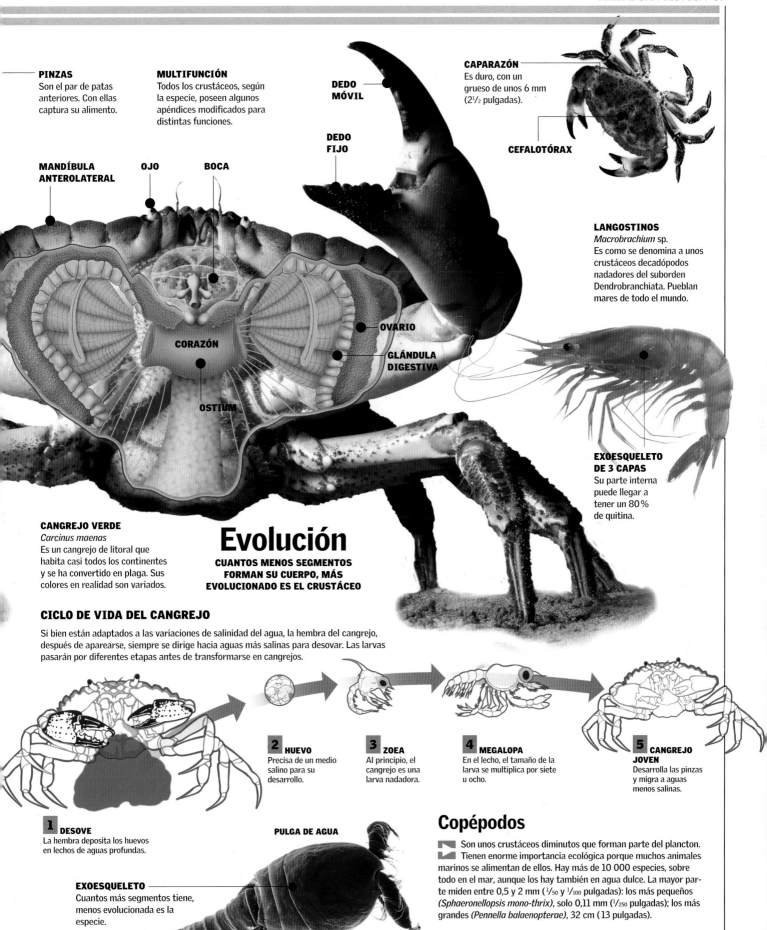

PINZAS
Son el par de patas anteriores. Con ellas captura su alimento.

MULTIFUNCIÓN
Todos los crustáceos, según la especie, poseen algunos apéndices modificados para distintas funciones.

DEDO MÓVIL

DEDO FIJO

CAPARAZÓN
Es duro, con un grueso de unos 6 mm (2¹/₂ pulgadas).

CEFALOTÓRAX

MANDÍBULA ANTEROLATERAL

OJO

BOCA

ORVARIO

CORAZÓN

GLÁNDULA DIGESTIVA

OSTIUM

LANGOSTINOS
Macrobrachium sp.
Es como se denomina a unos crustáceos decadópodos nadadores del suborden Dendrobranchiata. Pueblan mares de todo el mundo.

EXOESQUELETO DE 3 CAPAS
Su parte interna puede llegar a tener un 80 % de quitina.

Evolución
CUANTOS MENOS SEGMENTOS FORMAN SU CUERPO, MÁS EVOLUCIONADO ES EL CRUSTÁCEO

CANGREJO VERDE
Carcinus maenas
Es un cangrejo de litoral que habita casi todos los continentes y se ha convertido en plaga. Sus colores en realidad son variados.

CICLO DE VIDA DEL CANGREJO

Si bien están adaptados a las variaciones de salinidad del agua, la hembra del cangrejo, después de aparearse, siempre se dirige hacia aguas más salinas para desovar. Las larvas pasarán por diferentes etapas antes de transformarse en cangrejos.

1 DESOVE
La hembra deposita los huevos en lechos de aguas profundas.

2 HUEVO
Precisa de un medio salino para su desarrollo.

3 ZOEA
Al principio, el cangrejo es una larva nadadora.

4 MEGALOPA
En el lecho, el tamaño de la larva se multiplica por siete u ocho.

5 CANGREJO JOVEN
Desarrolla las pinzas y migra a aguas menos salinas.

EXOESQUELETO
Cuantos más segmentos tiene, menos evolucionada es la especie.

PULGA DE AGUA

Copépodos

Son unos crustáceos diminutos que forman parte del plancton. Tienen enorme importancia ecológica porque muchos animales marinos se alimentan de ellos. Hay más de 10 000 especies, sobre todo en el mar, aunque los hay también en agua dulce. La mayor parte miden entre 0,5 y 2 mm (¹/₅₀ y ¹/₁₀₀ pulgadas): los más pequeños (*Sphaeronellopsis mono-thrix*), solo 0,11 mm (¹/₂₅₀ pulgadas); los más grandes (*Pennella balaenopterae*), 32 cm (13 pulgadas).

Ocho patas

Los arácnidos constituyen la clase más amplia de los quelicerados. Entre ellos están las arañas, los escorpiones, las garrapatas y los ácaros. Fueron los primeros artrópodos que colonizaron ambientes terrestres. Existen restos fósiles de escorpiones desde el período Silúrico, y muestran que estos animales no han sufrido grandes cambios en su morfología y costumbres. Los más conocidos son los escorpiones y las arañas.

ASOMBROSO

Los fósiles de los escorpiones datan del período Silúrico, hace unos 430 millones de años, y nos muestran que esos animales no han cambiado mucho en su aspecto y comportamiento.

La hembra puede transportar hasta 30 crías a la espalda.

ARAÑA CASERA
Tegenaria duellica
Se distingue por unas patas muy largas en relación con el cuerpo.

PEDIPALPOS
El artejo terminal forma un órgano copulador por medio del cual el macho insemina a la hembra.

PEDIPALPOS
Actúan como órganos sensoriales y para manipular los alimentos. Los machos también los utilizan para la cópula.

QUELÍCEROS
Se mueven de arriba abajo. En las arañas más primitivas (las tarántulas) lo hacen de lado, como una pinza.

Escorpiones

Temido por las personas desde hace siglos, el escorpión se caracteriza porque sus quelíceros (grandes y con funciones prensiles) y pedipalpos tienen forma de pinza. Tienen el cuerpo recubierto por un exoesqueleto quitinoso que comprende cefalotórax y abdomen.

ESCORPIÓN EMPERADOR
Pandinus imperator
Como otros escorpiones, tiene un aguijón alimentado por glándulas venenosas. Mide entre 12 y 18 cm (5 y 7 pulgadas), aunque algunos han llegado hasta los 20 cm (8 pulgadas).

Las pinzas sostienen a la presa y la mantienen inmóvil.

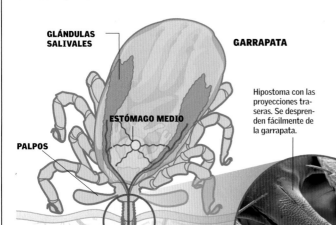

GLÁNDULAS SALIVALES

GARRAPATA

ESTÓMAGO MEDIO

PALPOS

Hipostoma con las proyecciones traseras. Se desprenden fácilmente de la garrapata.

MATERIAL DE CEMENTADO

INFECCIÓN

Ácaros y garrapatas

Ambos son miembros del orden Acari. Se diferencian por su tamaño: los ácaros son más pequeños, mientras que las garrapatas pueden medir hasta varios centímetros. Los primeros tienen formas muy diversas y son parásitos de animales y plantas. Las garrapatas, por su parte, tienen un ciclo vital común de 3 etapas, larva, ninfa y adulto, durante el cual viven de la sangre de diversos huéspedes.

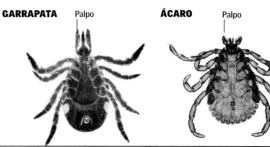

GARRAPATA Palpo

ÁCARO Palpo

100 000
**ESPECIES DE ARÁCNIDOS
SE CALCULA QUE EXISTEN
EN EL MUNDO**

EXOESQUELETO
El crecimiento se produce mediante mudas, proceso por el cual se deshacen del exoesqueleto viejo. En la juventud va creciendo mediante mudas sucesivas (hasta 4 anuales), y cuando llega a la adultez realiza un cambio anual.

1 Se desprende el borde frontal del caparazón y se separa el tegumento del abdomen.

2 Sube y baja las patas hasta que la piel se desliza y cae.

3 Se desprende el viejo exoesqueleto y el nuevo se endurece al contacto con el aire.

CEFALOTÓRAX
(PROSOMA)

QUELÍCERO

OJO
SIMPLE

GLÁNDULA
DE VENENO

ESTÓMAGO

ABDOMEN
(OPISTOSOMA)

CORAZÓN

CLOACA

INTESTINO

OVARIOS

PULMÓN

ORIFICIO
GENITAL

GLÁNDULA
DE LA SEDA

FÉMUR

RÓTULA

TIBIA

PATAS CAMINADORAS
Tiene cuatro pares de patas para caminar. Los pelos le sirven para conocer el terreno.

METATARSO

TARSO

30 cm
(12 pulgadas)
**PUEDE MEDIR UNA ARAÑA
CON LAS PATAS DESPLEGADAS**

Arañas

Son los artrópodos más conocidos. Tienen la sorprendente propiedad de secretar una sustancia que, al contacto con el aire, se transforma en hilos muy finos que manejan hábilmente. Después de aparearse, depositan los huevos dentro de un capullo de seda llamado ovisaco. Su aspecto es inconfundible: las dos regiones del cuerpo, prosoma y opistosoma, se encuentran unidas por un delgado pedicelo. Tienen cuatro pares de ojos, cuyo tamaño y disposición son característicos de las diferentes familias. Los quelíceros terminan en uñas surcadas por los conductos de las glándulas del veneno. Con ellas matan a sus presas.

Amblipigios

Pequeños arácnidos que miden entre 4 y 45 mm ($1/5$ y 2 pulgadas). Los quelíceros no son tan grandes, aunque los pedipalpos son fuertes y los utilizan para capturar a las presas. Tienen el primer par de patas modificado en calidad de apéndices para tacto y sensibilidad, en tanto que los últimos tres se encargan de la locomoción. Debido a su cuerpo aplanado, su marcha es similar a la del cangrejo.

*PHRYNA
GROSSETAITAI*

El secreto del éxito

Antenas sensoras, apéndices en la cabeza que sirven para masticar, triturar o sujetar, ojos muy desarrollados a los lados de la cabeza y pares de patas articuladas con funciones diferentes según la especie son características comunes a los insectos y los miriápodos. A ellas se debe en gran parte su éxito en la conquista del medio terrestre. Los insectos poseen seis patas, que salen del tórax: son hexápodos. Los miriápodos son artrópodos multisegmentados que solo se han desarrollado en tierra.

ASOMBROSO

Los insectos tienen los ojos compuestos, ya que están formados por miles de fotorreceptores individuales, los cuales se combinan y forman una imagen similar a un mosaico.

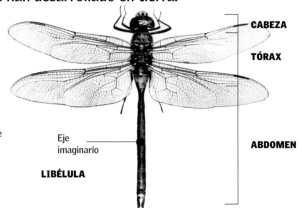

CABEZA

TÓRAX

ABDOMEN

Eje imaginario

LIBÉLULA

SIMETRÍA BILATERAL

Todo el cuerpo de los insectos y miriápodos está dispuesto por pares a partir de un eje imaginario que va de la cabeza hasta el extremo del abdomen.

Dos pares de alas

Antiguamente había especies de insectos con tres pares de alas, pero hoy todos tienen uno o dos pares. Las mariposas, las libélulas, las abejas y las avispas usan los dos pares para volar, pero otros insectos usan solo uno.

CIRCULACIÓN ABIERTA

Un corazón tubular impulsa la hemolinfa (sangre) hacia delante a través de la aorta dorsal. Unos órganos contráctiles accesorios ayudan a empujarla hacia las alas y las patas.

ALAS POSTERIORES

EN ESPERA

Pueden juntar las alas al cuerpo.

APÉNDICE

Contiene los órganos genitales.

REGIONES SEGMENTADAS

El cuerpo de los insectos se divide en tres: cabeza (con 6 segmentos), tórax (con 3) y abdomen (con un máximo de 11).

ESPIRÁCULOS

Pequeñas entradas a las tráqueas.

1 millón

SON LAS ESPECIES DE INSECTOS CONOCIDAS

SISTEMA RESPIRATORIO

Los artrópodos terrestres respiran mediante tráqueas. A través de unas ramificaciones llamadas traqueolas, el aire con oxígeno llega directamente a cada célula y se elimina dióxido de carbono.

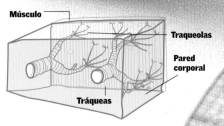

Músculo

Traqueolas

Pared corporal

Tráqueas

Patas adaptadas a su uso

La forma de las patas de estos artrópodos está estrechamente relacionada con el uso que les den y el hábitat. Algunas especies tienen los sensores responsables del gusto y del tacto en las patas.

Sacos

ESTRUCTURA
Da a las alas una gran estabilidad.

PATAS

CAMINADORA CUCARACHA

SALTADORA SALTAMONTES

NADADORA NÉPIDOS

CAVADORA GRILLOTOPOS

COLECTORA ABEJA

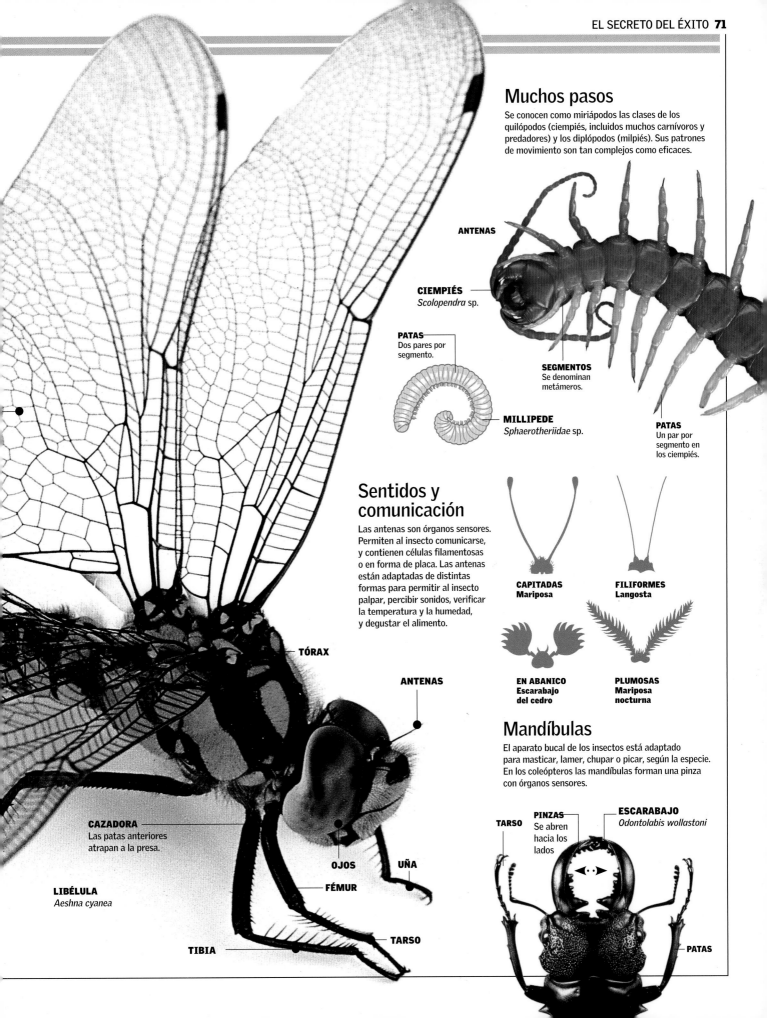

Muchos pasos

Se conocen como miriápodos las clases de los quilópodos (ciempiés, incluidos muchos carnívoros y predadores) y los diplópodos (milpiés). Sus patrones de movimiento son tan complejos como eficaces.

ANTENAS

CIEMPIÉS
Scolopendra sp.

PATAS
Dos pares por segmento.

SEGMENTOS
Se denominan metámeros.

MILLIPEDE
Sphaerotheriidae sp.

PATAS
Un par por segmento en los ciempiés.

Sentidos y comunicación

Las antenas son órganos sensores. Permiten al insecto comunicarse, y contienen células filamentosas o en forma de placa. Las antenas están adaptadas de distintas formas para permitir al insecto palpar, percibir sonidos, verificar la temperatura y la humedad, y degustar el alimento.

CAPITADAS
Mariposa

FILIFORMES
Langosta

EN ABANICO
Escarabajo del cedro

PLUMOSAS
Mariposa nocturna

Mandíbulas

El aparato bucal de los insectos está adaptado para masticar, lamer, chupar o picar, según la especie. En los coleópteros las mandíbulas forman una pinza con órganos sensores.

TÓRAX

ANTENAS

CAZADORA
Las patas anteriores atrapan a la presa.

OJOS

UÑA

FÉMUR

LIBÉLULA
Aeshna cyanea

TIBIA

TARSO

TARSO

PINZAS
Se abren hacia los lados

ESCARABAJO
Odontolabis wollastoni

PATAS

El arte de volar

Una de las adaptaciones fundamentales de los insectos ha sido su capacidad de volar. La mayoría tienen dos pares de alas. Los coleópteros (los escarabajos) también, pero vuelan con solo un par y con las otras se protegen. Como ejemplo, la redonda y vistosa cobertura de las mariquitas o catarinas no es más que la tapa de un sistema de vuelo muy sofisticado. Gracias a él, estos pequeños y simpáticos coleópteros, inofensivos para el hombre, se convierten en grandes cazadores.

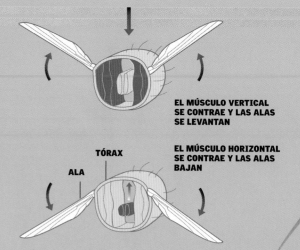

EL MÚSCULO VERTICAL SE CONTRAE Y LAS ALAS SE LEVANTAN

TÓRAX

ALA

EL MÚSCULO HORIZONTAL SE CONTRAE Y LAS ALAS BAJAN

Señoras de la tierra y el aire

 Existen unas 4500 especies de estas mariquitas, diseminadas por todo el mundo, casi todas de colores vivos, con manchas negras sobre un fondo rojo, amarillo o anaranjado. Estos colores les sirven para mantener alejados a los predadores, que suelen asociar los colores chillones con el veneno. De hecho, algunas mariquitas son realmente tóxicas para predadores pequeños como lagartos o pajarillos. Pero para los que sí son peligrosas es para los pulgones, plaga de la agricultura. Por eso muchas veces las mariquitas se aprovechan para el control biológico natural.

3

Vuelo

Con los élitros abiertos como las alas de un avión, el segundo par de alas encuentra libertad para moverse. Los músculos de la base dirigen el vuelo.

2

Despegue

Aunque los vistosos élitros no le sirven para volar, debe levantarlos para poder desplegar las alas, que solo se ven cuando el insecto está en vuelo.

Élitros levantados

VISTA FRONTAL DE LOS ÉLITROS

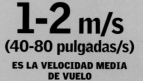

1-2 m/s
(40-80 pulgadas/s)
ES LA VELOCIDAD MEDIA DE VUELO

MARIQUITA
Coccinella septempunctata
Debido a la ayuda que prestan en la destrucción de las plagas, en la Edad Media estos coleópteros se consideraban instrumentos de la intervención de la Virgen María.

1

Preparación

Los élitros, que protegen el tórax y las alas, que se encuentran plegadas dentro, se despegan del cuerpo.

ALAS PREPARADAS PARA EL VUELO

El insecto mide entre 1 y 10 mm ($^1/_{25}$ y $^1/_2$ pulgadas).

ÉLITRO LEVANTADO

ALA A LA VISTA

VISTA POSTERIOR

APOSEMATISMO
Es lo opuesto al mimetismo: las cochinillas se valen de sus vivos colores para espantar.

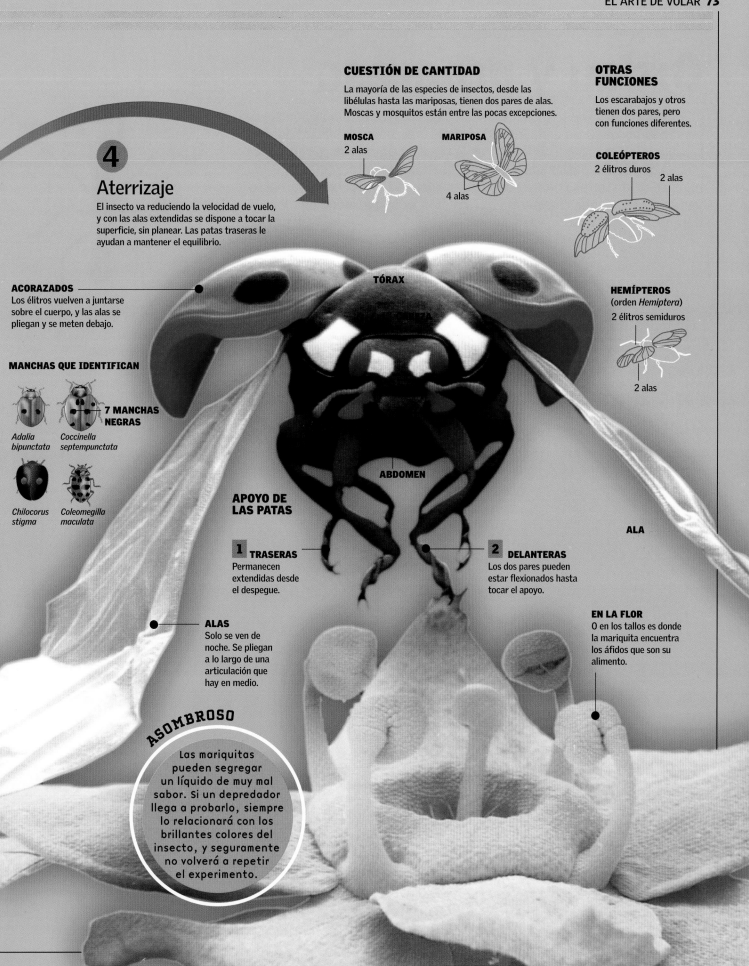

CUESTIÓN DE CANTIDAD

La mayoría de las especies de insectos, desde las libélulas hasta las mariposas, tienen dos pares de alas. Moscas y mosquitos están entre las pocas excepciones.

MOSCA
2 alas

MARIPOSA
4 alas

OTRAS FUNCIONES

Los escarabajos y otros tienen dos pares, pero con funciones diferentes.

COLEÓPTEROS
2 élitros duros
2 alas

HEMÍPTEROS
(orden *Hemiptera*)
2 élitros semiduros
2 alas

4

Aterrizaje

El insecto va reduciendo la velocidad de vuelo, y con las alas extendidas se dispone a tocar la superficie, sin planear. Las patas traseras le ayudan a mantener el equilibrio.

ACORAZADOS
Los élitros vuelven a juntarse sobre el cuerpo, y las alas se pliegan y se meten debajo.

MANCHAS QUE IDENTIFICAN

7 MANCHAS NEGRAS

Adalia bipunctata

Coccinella septempunctata

Chilocorus stigma

Coleomegilla maculata

TÓRAX

ABDOMEN

APOYO DE LAS PATAS

1 **TRASERAS**
Permanecen extendidas desde el despegue.

2 **DELANTERAS**
Los dos pares pueden estar flexionados hasta tocar el apoyo.

ALA

ALAS
Solo se ven de noche. Se pliegan a lo largo de una articulación que hay en medio.

EN LA FLOR
O en los tallos es donde la mariquita encuentra los áfidos que son su alimento.

ASOMBROSO

Las mariquitas pueden segregar un líquido de muy mal sabor. Si un depredador llega a probarlo, siempre lo relacionará con los brillantes colores del insecto, y seguramente no volverá a repetir el experimento.

Orden y progreso

as hormigas son uno de los insectos con mayor organización social. En el hormiguero cada individuo tiene una responsabilidad que cumplir. La cabeza de familia es la reina, la única que se reproduce y de la que todos descienden. Durante el apareamiento, reinas y machos de distintas colonias copulan en el aire. Ellas deben aparearse varias veces, ya que el esperma que reciben es el que luego emplean durante toda su vida.

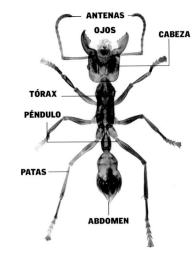

ANTENAS
OJOS
CABEZA
TÓRAX
PÉNDULO
PATAS
ABDOMEN

HORMIGA COMÚN
Lasius niger

ENTRADA PRINCIPAL

El hormiguero

Después del vuelo nupcial, la reina pierde las alas y escoge un lugar para colocar los huevos. Al principio se alimenta de las reservas que le proporcionan las masas musculares de sus alas y parte de la primera puesta. Se encarga de criar a la primera generación de obreras, que se ocupará de obtener el alimento, mientras ella se dedica exclusivamente a poner huevos.

COMUNICACIÓN

La comunicación mediante las antenas es química, porque lo que ellas captan son partículas de determinadas sustancias (feromonas) que hacen que reconozcan al compañero como miembro de la misma colonia. Las hormigas no tienen especialmente desarrollada la percepción de los sonidos.

ALMACENES DE COMIDA
Las hormigas odre coordinan la reserva de alimentos.

METAMORFOSIS

En la etapa de huevo, la futura hormiga permanece junto a la reina, pero la deja en el estadio larvario. Otras hormigas se encargarán de su cuidado, pasará a ninfa y formará un capullo a su alrededor.

HUEVOS **LARVAS** **NINFAS** **CAPULLO**

ASOMBROSO

El peso total de todas las hormigas del mundo es más o menos equivalente al peso de todos los humanos del planeta.

GALERÍA EN DESUSO

1 HUEVOS
Los pone la reina en la zona más profunda.

2 LARVAS
Se llevan a otra cámara donde crecen.

3 NINFAS
Las crían y alimentan en otro sitio.

4 CAPULLO
Salen de él listas para el trabajo.

HORMIGA REINA

CRÍAS

Castas

Cada hormiga cumple una función en el nido, y la división se realiza desde el nacimiento. El macho, la soldado, la obrera y la odre (acumula reservas) componen las castas, relacionadas con las tareas que realizan.

Cuatro alas

REINA
Es la más grande. Pone los huevos que darán lugar a las obreras, los machos y las nuevas reinas.

Dos alas

MACHO
Solo cumple la función de procreación; luego muere.

OBRERA
Según el papel que tenga, puede reunir alimento, limpiar o proteger el hormiguero.

ANTENA
Perciben olores y transmiten mensajes.

HORMIGA DE ÁRBOL
Liometopum occidentale

PATAS
Aunque carecen de músculos, son muy resistentes.

GARRAS
Armas de ataque y defensa.

OJOS
Solo ven a unos centímetros.

PATAS
Son ágiles y delgadas.

Alimentación

Las hormigas no pueden comer sólidos. Mezclan con saliva los vegetales y animales de los que se nutren, formando una papilla de la que se alimenta toda la colonia.

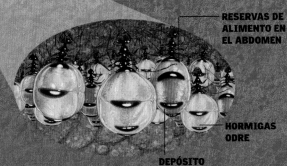

RESERVAS DE ALIMENTO EN EL ABDOMEN

HORMIGAS ODRE

DEPÓSITO

INTERCAMBIO DE COMIDA

Al tener dos estómagos, las hormigas comparten la comida. El traspaso comienza cuando la receptora le toca el labio a la donante con las patas delanteras.

BUCHE
Estómago social

MESODEO
Estómago individual

Defensa

Las principales defensas de las hormigas son la mordedura y el lanzamiento de chorros de ácido fórmico. Las hormigas soldado, que tienen la cabeza más grande que las obreras, son las encargadas de alejar al enemigo.

MANDÍBULA

Es su principal arma de defensa: con una mordedura pueden ahuyentar a su rival o herirlo. También la usan para la caza y alimentación.

AGRICULTORA AMERICANA

MANDÍBULA DE CEPO

EL VENENO

El veneno de la hormiga, que contiene ácido fórmico, puede matar o paralizar a una presa. Se origina en unas glándulas especiales situadas debajo del abdomen del insecto.

HORMIGA ROJA
Formica rufa

AGUIJÓN VENENOSO

ABDOMEN

CHORROS DE VENENO

HORMIGA AMERICANA
Odontomachus bauri

DEPÓSITO DE VENENO

Objetivo: sobrevivir

La evolución ha dado a los seres vivos unas características muy llamativas. En particular, algunos insectos pueden pasar inadvertidos para cazar o para esconderse de predadores gracias a «disfraces» de rama o de hoja que los mantienen ocultos. Para evitar ataques, otros insectos desarrollaron colores y formas para engañar a sus depredadores. Esconderse y exhibirse, estrategias opuestas pero que desde hace millones de años favorecen la supervivencia de los más aptos.

MARIPOSA LIMONERA
Gonepteryx sp.
Los contornos de las alas están recortados en forma de hoja.

MARIPOSA PAVO REAL
Inachis io
La coloración llamativa o aposemática mantiene alejado al depredador porque advierte del peligro que supone el insecto.

ALAS
Tienen aspecto de hoja y pueden simular su color, forma y estructura.

Grandes simuladores

El camuflaje o cripsis es un fenómeno por el cual los animales presentan ventajas adaptativas a través de asombrosos disfraces. Se encuentra tanto en los cazadores como en las posibles presas. En los insectos, el cuerpo se asemeja a distintos sustratos y partes de árbol, como la corteza, las hojas o las ramas. Esos enmascaramientos son ideales para confundir al insecto con el entorno.

OJO FALSO
Las escamas tienen pigmentos que dibujan ojos falsos.

Disfraz

La estrategia de supervivencia de estos insectos es lograr que sus depredadores no los vean. El disfraz es su única defensa.

DOBLE PROTECCIÓN
Caligo sp.
Las mariposas búho combinan los mimetismos batesiano y el mulleriano. Se confunden con las hojas, pero si un depredador las ve pliegan las alas de tal forma que simulan la figura y los ojos de un búho. El depredador, confundido, desiste de su ataque.

CUERPO
Abdomen en
forma de rama.

PATAS
Imitan ramitas
con hojas
secas.

BICHO PALO AUSTRALIANO
Extatosoma sp.
Este insecto, que parece un palo,
se balancea adelante y atrás
como si lo agitara el viento.

Señales de alerta

El mimetismo es la imitación de patrones de
animales peligrosos o de sabor desagradable.
La réplica de colores y figuras de animales peligrosos se
conoce como mimetismo batesiano. Por otro lado, si un
insecto produce sustancias malolientes para repugnar
al predador, se habla de mimetismo mulleriano.

ASOMBROSO

El insecto asesino
Acanthaspis petax
mata a las hormigas
y se las coloca sobre
su espalda, a modo de
disfraz, para ocultarse
de las arañas, sus
depredadoras.

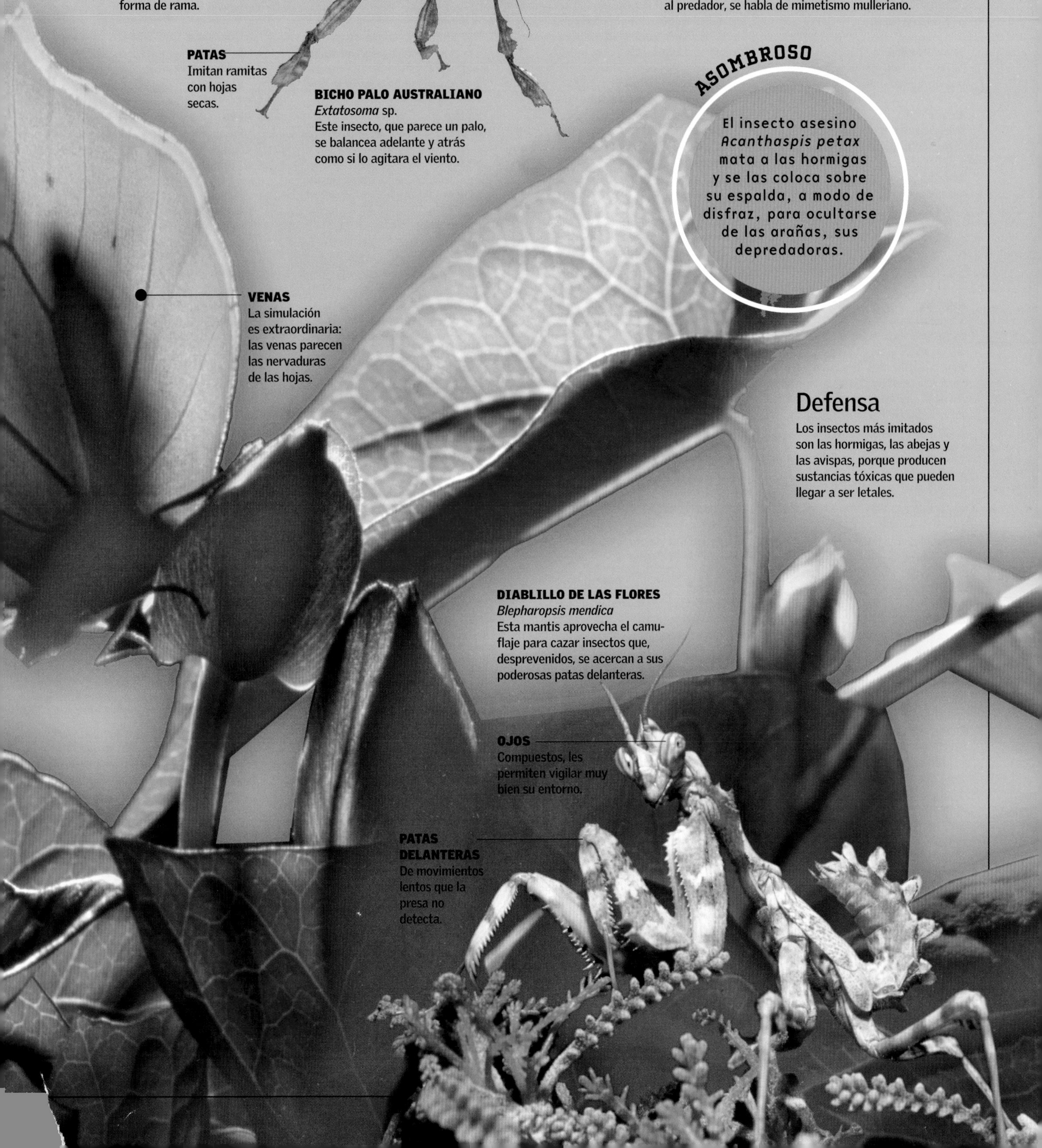

VENAS
La simulación
es extraordinaria:
las venas parecen
las nervaduras
de las hojas.

Defensa

Los insectos más imitados
son las hormigas, las abejas y
las avispas, porque producen
sustancias tóxicas que pueden
llegar a ser letales.

DIABLILLO DE LAS FLORES
Blepharopsis mendica
Esta mantis aprovecha el camuflaje para cazar insectos que,
desprevenidos, se acercan a sus
poderosas patas delanteras.

OJOS
Compuestos, les
permiten vigilar muy
bien su entorno.

**PATAS
DELANTERAS**
De movimientos
lentos que la
presa no
detecta.

GLOSARIO

Adaptación
Rasgo de comportamiento, fisiológico o estructural que permite a un organismo vivir en su entorno.

Aerodinámico
De forma adecuada para disminuir la resistencia al aire.

Alevín
Cría de pez de forma parecida a la de los adultos de la misma especie.

Aminoácido
Molécula orgánica a partir de la cual se producen proteínas.

Anaeróbico
Proceso de respiración que no requiere oxígeno.

Anfibios
Las crías viven en el agua, mientras que los adultos viven en tierra. Muchos necesitan estar cerca del agua o en lugares húmedos para no secarse, pues algunas especies respiran principalmente a través de la piel, que solo puede absorber aire si está húmeda. Este grupo incluye a las ranas, los sapos, las salamandras y los ápodos.

Antenas
Par de largos apéndices sensoriales que muchos artrópodos tienen en la cabeza.

Aorta
Arteria principal de los sistemas circulatorios. Envía sangre a otros tejidos del organismo.

Arrecife
Banco duro que apenas asoma por la superficie del mar o se encuentra en aguas muy poco profundas. Puede suponer un peligro para la navegación. Los arrecifes pueden ser inorgánicos o de coral.

Artrópodo
Animal con apéndices articulados y cuerpo segmentado cubierto por un dermatoesqueleto.

Banco
Grupo temporal de peces de la misma población o especie que se unen por un comportamiento similar.

Bípedo
Animal que se mantiene erguido y anda o corre con las dos extremidades posteriores.

Buche
Bolsa membranosa que comunica con el esófago de las aves. En ella se ablanda el alimento.

Calcita
Forma del componente químico carbonato de calcio.

Capullo
Envoltura protectora normalmente hecha de seda. Muchos insectos confeccionan capullos para protegerse durante la fase de crisálida, hasta que se convierten en adultos.

Carroña
Restos de animales muertos que sirven de alimento a ciertas aves y otros animales.

Carroñero
Animal que come formas orgánicas de vida ya muertas. Ayudan a mantener el equilibrio del   al descomponer animales muertos.

Casta
Grupo social que lleva a cabo tareas específicas, característico de las hormigas, las abejas y otros insectos.

Cefalópodo
Clase de moluscos exclusivamente marinos, con patas o tentáculos unidos a la cabeza. Esos apéndices tienen hileras de ventosas que les sirven para capturar presas y copular.

Cefalotórax
Combinación de cabeza y tórax en un único segmento corporal.

Circunvolución
Cada una de las ligeras elevaciones o pliegues que se observan en la superficie de la corteza cerebral.

Cloaca
Cámara abierta donde en ciertos animales desembocan los conductos de los sistemas urinario y reproductor.

Cóclea o caracol
Estructura en forma de tubo en espiral que se encuentra en el oído interno de los mamíferos.

Colonia
Grupo de animales de la misma especie que viven y trabajan juntos para sobrevivir.

Cordados
Filo al que pertenece cualquier animal con médula espinal, ya sea durante toda su vida o solo en alguna fase. Los animales que no son cordados se denominan invertebrados.

Corriente térmica
Corriente ascendente de aire caliente. Muchas aves la aprovechan para ganar altura sin esfuerzo.

Crustáceo
Animal del grupo de los artrópodos con antenas y apéndices articulados, que respira a través de branquias y tiene el cuerpo protegido por un caparazón.

Dendrita
Prolongación ramificada de una célula nerviosa a través de la cual recibe estímulos externos.

Dermis
Capa interna de la piel, situada debajo de la epidermis.

De sangre fría
Organismo cuya temperatura corporal está controlada principalmente por una fuente de calor externa porque tiene poca capacidad para generar calor.

Desove
Acción de producir o poner huevos.

Destete
Terminación de la lactancia de un mamífero.

Distribución
Lugares donde se localiza una especie. Incluye la región que ocupa la especie en las diferentes estaciones.

Diversidad
Grado en que el número total de organismos individuales se distribuye entre diferentes especies en un ecosistema. La diversidad mínima se da cuando todos los organismos son de la misma especie. La máxima se da en medios naturales estables con una variación máxima en el sustrato y las condiciones ambientales.

Ecolocación
Capacidad para orientarse y maniobrar mediante la emisión de sonidos y la interpretación del eco.

Embrión
Primera fase de desarrollo de una planta o un animal multicelular.

Escamas
Pequeñas placas duras que se solapan sobre la piel.

Especie
Grupo de individuos que se reconocen como pertenecientes a la misma unidad reproductora.

Espiráculo
Abertura respiratoria externa del sistema respiratorio de muchos artrópodos terrestres y algunos vertebrados acuáticos.

Evolución
Proceso gradual de cambio que experimenta una especie para adaptarse al medio.

Exhibición
Comportamiento de un animal para llamar la atención de una pareja. También le puede servir para amenazar o distraer a un depredador.

Exoesqueleto
Cubierta externa del cuerpo, habitual en los artrópodos. Es como un caparazón articulado de quitina que soporta los músculos y los órganos blandos internos.

Familia
Categoría taxonómica que agrupa los géneros. Es inferior al orden y superior al género.

Fecundación
Unión de las células reproductoras de un macho y una hembra que dará lugar a un nuevo individuo.

Feromona
Sustancia química segregada por las glándulas reproductoras de algunos animales para atraer a individuos del sexo opuesto.

Filo
Categoría taxonómica que agrupa las clases. Es inferior al reino y superior a la clase.

Folículo
Pequeño órgano en forma de saco que se encuentra en la piel o las membranas mucosas.

Fósil
Resto de alguna forma de vida antigua, ya sea vegetal o animal, en un sustrato rocoso. Los fósiles se encuentran en los estratos geológicos de la superficie terrestre.

Fotóforo
Glándula mucosa modificada para la producción de luz. La luz puede proceder de bacterias fosforescentes simbióticas o de procesos de oxidación de los tejidos.

Gen
Unidad de información en un cromosoma. Secuencia de nucleótidos de la molécula del ADN que desempeña una función específica.

Género
Categoría taxonómica que agrupa las especies.

Gestación
Desarrollo de un feto dentro de una mujer o una hembra mamífera desde la concepción hasta el parto.

Glándula
Grupo de células epiteliales que producen secreciones, organizadas dentro de una membrana envolvente para formar un órgano cuya función es sintetizar y excretar moléculas que el propio órgano no utiliza.

Gónadas
Glándulas que producen células sexuales reproductoras.

Hábitat
Área geográfica con condiciones geofísicas concretas en que vive una especie o una comunidad de animales o plantas.

Herbívoro
Animal que se alimenta exclusivamente de plantas.

Heterocerca
Tipo de aleta caudal en que la espina dorsal se curva hacia arriba, formando un lóbulo superior más grande.

Hibernación
Estado fisiológico que se presenta en algunos mamíferos como adaptación a condiciones invernales extremas. La temperatura corporal baja y disminuyen las funciones metabólicas en general.

Homeotermia
Termorregulación característica de animales que mantienen una temperatura interna constante independientemente de las condiciones externas. La temperatura corporal suele ser superior a la del entorno.

Incubación
Acto de mantener calientes los huevos para que los embriones puedan desarrollarse y nacer. Los progenitores suelen mantener calientes los huevos con la ayuda de su cuerpo, aunque algunas aves los cubren con arena o plantas en descomposición.

Invertebrado
Animal sin columna vertebral. Algunos, como los gusanos, tienen el cuerpo blando. Otros, como los artrópodos, están protegidos por un dermatoesqueleto duro.

Lactancia
Período de la vida de los mamíferos durante el que se alimentan exclusivamente de leche materna.

Larva
Animal en fase de desarrollo, tras salir del huevo. Puede alimentarse por sí mismo, pero aún no ha adquirido la forma ni la estructura de los adultos de su especie.

Línea lateral
Línea formada por una serie de poros a lo largo de los laterales del cuerpo de un pez.

Lípidos
Grupo de sustancias insolubles en agua, que incluye grasas, aceites, ceras, esteroides, glucolípidos, fosfolípidos y carotenos.

Manto
En los moluscos, capa externa de la pared corporal o una extensión blanda de esta. Suele segregar una concha.

Marsupiales
Mamíferos cuyas hembras dan a luz crías inviables que luego incuban en la bolsa ventral, donde están las mamas. Pertenecen a la infraclase de los Metaterios.

Maxila
En los artópodos mandibulados, apéndice situado justo debajo de las antenas que sirve para atrapar, sujetar, morder o masticar alimentos.

Metabolismo
Suma de todas las transformaciones físicas y químicas que se producen en una célula o un organismo.

Metacarpo
Conjunto de huesos alargados que forman el esqueleto de las extremidades anteriores de algunos animales y de la mano humana. Se articulan con los huesos del carpo, o muñeca, y las falanges.

Metamorfosis
Transición abrupta de la forma larvaria a la forma adulta.

Microorganismo
Organismo que solo puede verse a través del microscopio.

Mimetismo
Propiedad de algunos animales y plantas de asemejarse a otros seres vivos u objetos inanimados de su entorno, principalmente a través del color o del camuflaje, para esconderse de sus depredadores o presas.

Molares
Grupo de dientes de trituran los alimentos en la boca.

Molleja
Estómago muscular de las aves, muy robusto, especialmente en las granívoras. Les sirve para triturar y ablandar mediante presión mecánica los alimentos, que llegan a la molleja mezclados con los jugos digestivos.

Moluscos
Invertebrados del filo Mollusca, de cuerpo blando dividido en cabeza, pie y masa visceral. Presentan un pliegue (manto) que envuelve total o parcialmente el cuerpo.

Morfología
Estudio de la forma de un objeto o una estructura. Por ejemplo, la morfología de las patas de las aves es un área de estudio.

Muda
Cambio de todo o parte del revestimiento exterior de un organismo. En los artrópodos, cambio periódico del dermatoesqueleto que les permite crecer.

Neurona
Célula diferenciada del sistema nervioso capaz de transmitir impulsos nerviosos entre otras neuronas. Consta de un cuerpo receptor, dendritas y un cuerpo transmisor, el axón.

Nidícola
Polluelo indefenso que depende del cuidado de sus padres tras salir del cascarón.

Orden
Categoría taxonómica que agrupa las familias. Es inferior a la clase y superior a la familia.

Órgano
Parte del cuerpo formada por diversos tejidos agrupados en una unidad estructural y funcional.

Organismo
Cualquier ser vivo, ya sea unicelular o pluricelular.

Ovario
Órgano que produce óvulos (células sexuales femeninas).

Oviducto
Conducto por el que los óvulos salen del ovario para ser fecundados.

Papada
Pliegue de piel que en algunos lagartos y otros tetrápodos cuelga debajo del mentón y se extiende hasta el pecho. Puede desplegarse de forma intimidatoria en enfrentamientos territoriales o para mostrar distintos estados de humor.

Papila
Cada una de las pequeñas prominencias cónicas que hay en la piel o membranas mucosas, especialmente las de la lengua, por las que funciona el sentido del gusto.

Parásito
Organismo que vive a costa de otro, por lo general obteniendo nutrientes ya procesados por el huésped.

Peces cartilaginosos
Peces con el esqueleto de cartílago, como los Elasmobranquios, grupo que incluye los tiburones y las rayas.

Peces óseos
Peces con esqueleto óseo y mandíbula. Su esqueleto es pequeño, pero resistente. Tienen aletas flexibles que permiten un control preciso de los movimientos.

Pigmento
Sustancia que da color a la piel, las plumas o los tejidos de animales y plantas.

Placenta
Tejido esponjoso que envuelve el embrión y cuya función es permitir el intercambio de sustancias a través de la sangre. También protege al feto de infecciones y controla procesos fisiológicos durante la gestación y el parto.

Plancton
Conjunto de seres vivos minúsculos, ya sean vegetales (fitoplancton) o animales (zooplancton), que viven flotando en agua dulce o salada.

Poliandria
Relación en que durante el período de cría una hembra copula con machos.

Poligamia
Relación de reproducción entre un animal de un sexo y varios del otro. Cuando un macho se aparea con varias hembras se habla de poliginia.

Proteína
Macromolécula compuesta por una o más cadenas de aminoácidos. Definen las características físicas de un organismo y, cuando actúan como enzimas, regulan reacciones químicas.

Protráctil
En un reptil, lengua que puede proyectar voluntariamente hacia fuera, en un movimiento preciso y rapidísimo.

Quelíceros
El primer par de apéndices de los cangrejos, picnogónidos y arácnidos, normalmente en forma de pinzas o colmillos.

Queratina
Proteína rica en azufre que constituye el elemento principal de las capas más externas de la epidermis de los mamíferos, incluidos pelos, cuernos, uñas y pezuñas. De ella dependen su dureza y resistencia.

Quilla
Canto o borde carnoso situado en los lados del pedúnculo caudal.

Quitina
Polisacárido duro y duradero que contiene nitrógeno y se encuentra en el dermatoesqueleto de los artrópodos o en otras estructuras superficiales de muchos invertebrados, así como en las membranas celulares de los hongos.

Retina
Membrana interior de los ojos de los mamíferos y otros animales, donde las sensaciones luminosas se transforman en impulsos nerviosos.

Salinidad
Cantidad de sal común que hay en el agua o en el suelo. La sal común es una sal de sodio, cloruro sódico, que se encuentra en la naturaleza. Da un sabor salado al agua del mar y de los lagos salados.

Simetría bilateral
Forma corporal en que las mitades derecha e izquierda de un organismo son casi una imagen especular de la otra.

Sustrato
Superficie que constituye el hábitat o soporte vital de un organismo.

Tejido
Grupo de células idénticas que desempeñan una misma función.

Tórax
En los crustáceos e insectos, los segmentos unidos que se encuentran entre la cabeza y el abdomen, de donde salen las patas.

Tráquea
En los insectos y otros artrópodos terrestres, sistema de conductos de aire recubiertos de quitina.

Tundra
Vastas llanuras sin árboles de las regiones árticas del norte de Asia, Europa y Norteamérica.

Vertebrado
Animal que tiene columna vertebral, como las aves, los peces, los reptiles, los anfibios y los mamíferos.

Vivíparos
Animales cuyos embriones se desarrollan dentro del cuerpo de la madre, que pare crías viables.

ÍNDICE ANALÍTICO